Die fünf Verordnungen des neuen Bundes

Handauflegung, Ölsalbung, Abendmahl, Taufe und Fußwaschung

„Lehret sie halten alles, was ich euch befohlen habe."

Matthäusevangelium 28,20

Udo Herbold
Theologe und Pastor

Impressum

ISBN 978-3-947368-86-0 Softcover

Postadresse:
Im Bürgerhof 5
67059 Ludwigshafen
euh.maranatha@gmx.net

Die Bibelzitate sind meist aus der Lutherübersetzung (revidiert N.T. 1956 / A.T. 1964) entnommen.

1. Auflage September 2018

Inhaltsverzeichnis

Widmung

Para mi amor – Eva

Vorwort

Vorliegende Abhandlung soll den Leser in die Verordnungen des Neuen Bundes einführen. Unter Verordnungen wollen wir im Rahmen dieser Schrift Handlungen mit sichtbaren Zeichen und fühlbaren Elementen sehen, die Jesus Christus für Seine Gemeinde auf Erden angeordnet hat, nämlich die Handauflegung, die Ölsalbung, das Abendmahl, die Taufe und die Fußwaschung. Bei all diesen fünf Verordnungen ist eine zu vollziehende, spürbare Tat damit verbunden (genau genommen bei vier).

Die Reihenfolge wurde nicht nach Wichtigkeit gewählt, sondern nach der Häufigkeit mit der diese Handlungen in vielen Gemeinden durchgeführt werden. Natürlich wird es etliche Gemeinden geben, die davon abweichen.

Würde man sie nach Wichtigkeit einstufen (falls uns das überhaupt zusteht), wie sähe dann deine Reihenfolge aus? Ich würde die Taufe ganz vorne einreihen.

Wir wollen auch der Frage nachgehen, ob diese Verordnungen Sakramente sind, also ob das Heil zu einem Menschen kommt, wenn sie durch Worte von Pfarrern und Pastoren dem Menschen gespendet wird, oder ob sie als äußere symbolhafte Zeichen verstanden werden müssen.

Diese Schrift soll den Leser in die Lage versetzen, selbst anhand von Schriftstellen der Bibel, Zitaten und Kommentaren zu der kirchengeschichtlichen Entwicklung, jede dieser Verordnungen im ursprünglichen Sinne zu erkennen und dadurch richtig einschätzen zu können. Da Martin Luther selbst das allgemeine Priestertum verkündigt und damit den Blick weggelenkt hat von einer autorisierten Priesterschaft und Würdenträgern, hin zum allgemeinen Kirchenvolk (zumindest in der Theorie, in der Praxis wollte er dann doch nur von der Kirche autorisierte Prediger und Pfarrer zulassen), wollen wir uns auch betrachten, wie dieses die Protestantische Kirche dementsprechend handhabt, und ob die Ausführung dieser Verordnungen sogar allen Gläubigen erlaubt ist. Dieses Büchlein will nicht nur eine kommentierte, richtungsweisende Stoffsammlung sein, sondern soll uns an die ursprüngliche Bedeutung heranführen, die diese Verordnungen in der Heiligen Schrift haben.

Da sich Gott zu der rechten Befolgung Seines Wortes stellt, dürfen wir auch in dem Einhalten dieser wichtigen neutestamentlichen Anordnungen ganz spezielle und persönliche Segnungen von Gott erwarten.

Triberg, im Sommer 2018
Udo Herbold

Sakramente oder Zeichen?

Zuerst wollen wir uns die generelle Frage stellen: Sind die Verordnungen des Neuen Bundes Sakramente oder Zeichen bzw. symbolhafte Handlungen?

Der Begriff ‚Sakrament' stammt von dem lateinischen Wort ‚sacramentum' ab, welches die Vulgata (lateinische Übersetzung des Neuen Testaments) als Übersetzung des griechischen Wortes ‚musterion' wiedergibt. ‚Musterion' wird im Neuen Testament benutzt, um eine Sache zu bezeichnen, die im Alten Testament noch nicht offenbart war. Mit der Zeit bekam das Wort jedoch einen neuen Begriffsinhalt. „‚Musterion' wurde die Bezeichnung für alles was (scheinbar) mysteriös und unfassbar in der Christenheit war. Diese Bedeutung des Wortes wurde ins Lateinische übernommen als Wort ‚sacramentum'". [(1)] „Dieses Wort war früher im säkularen, weltlichen Sinne der Treueeid des römischen Soldaten beim Eintritt in die Armee. Dies war für ihn der Übergang vom zivilen zum militärischen Leben. Er bekannte damit, dass er von nun an für den Kaiser lebte und ihm gehorsam war." [(2)] Auch Paulus benutzt diesen Begriff vom ***„guten Streiter Jesu Christi"*** (2. Timotheus 2,3). Wer ‚Sakrament' so versteht, bekennt und erneuert darin sicherlich seine Treue und Hingabe zu Christus.

Heute wird unter dem Begriff ‚Sakrament' jedoch etwas anderes verstanden, nämlich eine Handlung, bei der der Empfangende göttliches Heil und erlösende Gnade vermittelt bekommt.

Im dritten Jahrhundert bezeichnete der Kirchenvater Tertullian mit Sakrament noch „… die Werke des Schöpfers, das Werk des fleischgewordenen Sohnes, besonders Seinen Tod. Das Zeichen des Kreuzes, die Ordination der Priester, Vermählung, Exorzismus und das Feiern des Ruhetages.“ (3)

Über den Gebrauch der Sakramente im Mittelalter lesen wir: „Der Ablasshandel kennzeichnete trefflich die Priesterwirtschaft, die ein so charakteristisches Kennzeichen des Mittelalters ist. Die übernatürlichen Kräfte, über die angeblich der Priester verfügte, machten ihn zu einem Vermittler zwischen Gott und den Menschen. Durch das Spenden oder die Verweigerung der Sakramente, entschied er über das Schicksal der unsterblichen Seelen; durch das Zelebrieren der Messe verminderte oder verkürzte er die Qualen des Fegefeuers. Die Hilfsmittel, über die er verfügte – das Abendmahl, die Reliquien, das Weihwasser, die heilige Ölung, der Exorzismus, das Gebet –, wurden auf diese Weise zu einer Art von Fetisch, der seine eigene Macht besaß. In den Augen des Volkes waren daher die religiösen Gebräuche nichts anderes als Zauberformeln, durch die man sich zeitliche oder geistige Vorteile verschaffen konnte.“ (4)

Im Jahre 1439 wurden dann auf dem Konzil in Florenz die offiziellen Sakramente der römisch-katholischen Kirche festgelegt: **„Taufe, Firmung, Eucharistie, Buße, Priesterweihe, Vermählung und die Letzte Ölung.“** (5)

Sakrament ist von der Reformation als Bezeichnung für die kirchlichen Handlungen beibehalten worden. Auch Luther ging von der falschen Annahme aus, dass neben der Predigt, die Gnade Gottes durch Sakramente mitgeteilt wird, man beschränkte sich dabei aber auf die **Taufe und das Abendmahl**.

Im evangelischen Katechismus steht: „Ein Sakrament ist eine heilige und kirchliche Handlung, … in welcher uns unter sichtbaren Zeichen unsichtbare Gnaden und Güter dargestellt werden.“ (6) Luther und Calvin vertreten beide diese Ansicht, die aber mit dem Gesamtverständnis der Heiligen Schrift überhaupt nicht übereinstimmen kann. Denn wie kann Jesus Christus der im Sakrament Handelnde sein, unabhängig davon, wie der Mensch zu Gott steht? Denn gerade Jesus war es in seinem Umgang mit Menschen alleinig wichtig, dass diese bewusst in eine persönliche Beziehung mit Gott eintreten.

Leider verfasste der Kirchenvater Augustin die Lehre „… der Errettung durch die Gemeinde allein und durch ihre Sakramente“, (7) und dass dieselben „… sichtbare Zeichen und Medium der unsichtbaren Gnade seien“. (8) Doch wurde nichts klarer und eindringlicher durch die Apostel gelehrt, als dass des Sünders Errettung allein durch den Glauben an den Sohn Gottes kommt, an seinen Tod zu unserer Erlösung und an seine Auferstehung, und nicht durch das Spenden irgendwelcher Sakramente.

Denn wenn Sakramente zu notwendigen Mitteln der Erlösung erhoben werden, hat man den klaren Weg der biblischen Errettung, der durch Glauben und Buße führt, verlassen. Nicht wiedergutzumachendes Unheil ist in allen Jahrhunderten dadurch entstanden. Das, was Augustin schon lehrte, wurde auf dem Konzil von Trient damals leider offiziell beschlossen, nämlich dass „… die Sakramente für die Errettung notwendig sind". (9)

Obwohl man in der Zeit der Scholastik (I) lange Zeit daran festhielt, dass die Sakramente nicht Gnade beinhalten, sondern nur symbolisieren, dass allerdings Gott den Gebrauch der Sakramente durch eine direkte Wirkung der Gnade in der Seele des Empfangenden begleiten würde, so näherte man sich aber leider doch immer mehr der Meinung, dass „… die Sakramente effektiv sind ‚ex opere operato', d.h. nur abhängig von ihrer richtigen Darreichung, also ‚aus sich selbst heraus wirken'. Der Empfang der sakramentalen Gnade sei weder abhängig von der inneren Hingabe des Empfangenden, noch von dem Charakter des amtierenden Priesters." (10) Eine theologische Abhandlung für Nichttheologen sagt hierüber ebenso fälschlicherweise aus: „Gott hat sich durch seinen Sohn Jesus Christus nun einmal dieser Weise bedient (Anm.: der Taufe und des Abendmahls), dem Menschen und der Welt seine Gnade nahezubringen." (11) Schade, dies ist bis zum heutigen Tag das Dogma auch der evangelischen Kirche geblieben.

(I) Die mittelalterliche Scholastik (‚seine Muße den Wissenschaften widmend'; lat: scholasticus: zum Studium gehörig) geht eigentlich bis auf Aristoteles zurück, sie steht für eine (scheinbar) logische Dialektik, ein Abwägen gegenseitiger Argumente des Für-und-Wider und aufgrund dessen, das Treffen einer Aussage. Sie handelt nach dem Grundsatz: Den Glauben verknüpfe mit der Vernunft, wenn du es vermagst. Bekanntester Vertreter: Thomas von Aquin

Aber wir müssen noch einmal betonen, dass Sakramente nicht aus sich selbst heraus eine Heilstat bewirken können. Sonst sind wir rasch im Bereich des magischen Denkens, auch wenn wir versuchen, Gott in unser falsches Handeln mit hineinzunehmen. Wo bliebe da die Reue eines Sünders, wo bliebe die persönliche Hingabe an Jesus Christus?

Da wir nun gesehen haben, dass das Wort ‚Sakrament' im Laufe der Zeit einen anderen und von der Bibel nicht haltbaren Begriffsinhalt bekommen hat, sollten wir die Bezeichnung ‚Sakramente' für die Verordnungen des Neuen Bundes ablehnen.

Wir können den Begriff **‚Zeichen'** oder **‚symbolhafte Handlung'** oder **‚Verordnung'** wählen und bringen damit zum Ausdruck, dass eine äußere, sichtbare und spürbare Handlung vollzogen wird, die davon zeugt, dass speziell im Falle der zwei großen Verordnungen Taufe und Abendmahl, ein innerer Vorgang bereits stattgefunden haben muss. Auch beim Auflegen der Hände und der Ölsalbung werden in fast allen Fällen der Glaube oder das Mitwirken dessen mit einbezogen, für den gebetet wird. Der Begriff ‚Zeichen' schließt auch aus, dass hier automatisch Gnade und Heil überbracht werden.

Diejenigen, die die sakramentale Auffassung vertreten, sagen, dass „... zum Element das Wort Gottes kommen muss, und es nur so zum Sakrament wird". (12) Dass beim Abendmahl, bei der Taufe, der Handauflegung und der Ölsalbung, die Handlung *mit Worten* verbunden sein wird, ist klar (z.B. ‚ich taufe dich', oder ‚das ist mein Leib' oder das Gebet mit dem

Kranken); eine magische Bedeutung haben diese Worte natürlich nicht. Die Worte verwandeln das Element nicht in ein gnade- und heilbringendes Medium.

Gott handelt durch Seinen Heiligen Geist an jedem Menschen, der an Ihn glaubt, Buße tut und innerlich umkehrt. Und gerade die Taufe drückt symbolisch aus, was man mit Christus erlebt und erfahren hat. Es ist ein öffentliches Bekenntnis eines inneren vorausgegangenen Vorganges.

Doch ist jede einzelne Verordnung so herrlich und einzigartig und verschieden von den anderen, dass wir sie nun nachfolgend einzeln untersuchen wollen.

Wir wollen mit der Handauflegung beginnen, die in vielen christlichen Gemeinden sehr häufig angewandt wird und wollen sehen, wie man sie handhabt und was dabei passiert.

Die Handauflegung

„Darum wollen wir jetzt die Anfangslehre von Christus verlassen und uns zum Vollkommenen wenden; wir wollen nicht abermals Grund legen mit der Lehre vom Abtun der toten Werke, vom Glauben an Gott, vom Taufen, vom Händeauflegen, von der Toten Auferstehung und vom ewigen Gericht.“ (Hebräer 6,1-2)

Dieser Vers zeigt uns, dass das Händeauflegen zu den Grundlehren des christlichen Glaubens gehört.

Am Ende des Markusevangeliums lesen wir: ***„Die Zeichen aber, die da folgen werden denen, die da glauben, sind die: ... auf Kranke werden sie die Hände legen, so wird es wohl mit ihnen werden.“*** (Markus 16,17-18)

Hieraus erkennen wir, dass alle zu diesem Dienst gerufen sind, zumindest sehen wir, dass niemand von denen, die da glauben, ausgeschlossen ist.

Ein Automatismus beim Händeauflegen gibt es natürlich nicht. Segen bzw. Heiliger Geist fließt nicht automatisch bei dieser Handlung. Derjenige, der die Hände auflegt, sollte Jesus bewusst nachfolgen, nicht in Sünde leben und am besten unter der Salbung Gottes stehen. Jesus drückt es einmal so aus: ***„... aus unserem Leibe sollen Ströme lebendigen Wassers fließen“*** (siehe Johannes 7,38). Dies gilt generell, aber sicherlich besonders auch beim Handauflegen.

Derjenige, der die Hände aufgelegt bekommt, sollte in empfangsbereiter Haltung den Segen von Gott im Glauben entgegennehmen und möglichst auch im Glauben festhalten.

Zum klareren Verständnis wollen wir das Händeauflegen unterteilen in:

- Segnung allgemein
- Heilung (und Befreiung)
- Erfüllung mit dem Heiligen Geist
- Ausrüstung mit Gaben
- Einsetzung zum Dienst

Wir wollen die Prinzipien, die hinter diesen Arten von Handauflegungen stehen, erkennen und schauen, wann sie anzuwenden sind.

Segnung allgemein

Wir denken hierbei zum Beispiel an die Begebenheit, in der Jesus unter Handauflegung die Kinder segnet. ***„Lasset die Kinder zu mir kommen und wehret ihnen nicht; denn solcher ist das Reich Gottes. Wahrlich, ich sage euch: Wer das Reich Gottes nicht empfängt wie ein Kind, der wird nicht hineinkommen. Und er herzte sie und legte die Hände auf sie und segnete sie.***" (Markus 10,14-16)

Oft werden wir vielleicht mit Leuten beten, die kein spezielles Anliegen haben, außer vielleicht dem allgemeinen, dass sie vermehrten Segen und vermehrte Kraftausrüstung für den Alltag benötigen. Hier dürfen wir durch Handauflegung diesen Segen vermitteln und der Person im Gebet Kraft zusprechen.

Auch kann nach abgeschlossener Seelsorge zusätzlich durch Handauflegung noch einmal für Frieden und innere Ruhe gebetet werden.

Die Handlung der allgemeinen Segnung drückt auch symbolisch ein Beschütztsein aus.

Der Segnende sollte, wie schon erwähnt, mit dem Heiligen Geist erfüllt sein, und der zu Segnende (wenn von der Reife her möglich), im festen Vertrauen auf Gott, die Segnung ergreifen.

Die Handauflegung ist die Handlung, die das Segensgebet unterstreicht. Sie hat den Charakter eines Zeichens und eines Siegels.

Abschlusssegen: Wenn beim Abschlusssegen eines Gottesdienstes, der Segen über eine ganze Gemeinde ausgesprochen wird, kann man als Zeichen die Hände über die Gemeinde ausbreiten.

Heilung

„Auf Kranke werden sie die Hände legen, so wird es wohl mit ihnen werden.“ (Markus 16,18)

Hier ist das Auflegen der Hände im Namen Jesu ein verordnetes Mittel, wodurch physische und auch psychische Heilung denen dargereicht wird, die krank sind.

Jeder Jünger Jesu kann im Glauben die Hände auf andere legen und erwarten, dass sie geheilt werden; wichtig ist, dass die anderen ebenso ihren Glauben dabei aktivieren. Christen, die mit dem Heiligen Geist getauft sind, können mit vermehrter Heilungssalbung rechnen. Durch die Handauflegung wird Gottes Heilungskraft auf die Kranken übertragen. Auch hier gilt, dass der Betende in dem Moment mit Heiligem Geist und mit dieser Heilungssalbung ausgerüstet ist, zumindest sollte er vorher um diese Salbung beten.

Aber auch hier wirkt die Handauflegung nicht aus sich selbst heraus, auch sie ist kein Sakrament. Sondern durch den persönlichen Glauben des Betreffenden muss diese dargereichte Heilungskraft angenommen werden, damit sie sich im Körper des Kranken manifestiert und die gewünschten Resultate hervorbringt. Der persönliche Glaube muss auch gerade dann weiter festgehalten werden (aktiviert bleiben), wenn vielleicht erst mal nur ein langsamer Heilungsprozess begonnen hat, sonst könnte dieser dadurch gestoppt werden, denn Gott erwartet unsere Mitwirkung in Form von Glauben und Vertrauen.

Diese Heilungskraft wird des Öfteren auch spürbar in Form von Kraft oder Wärme wahrgenommen, muss aber nicht sein. In Markus 5,24-34 wird von der Frau mit dem Blutfluss berichtet. Obwohl die Heilungskraft in Jesus ständig gegenwärtig war, ging sie doch nicht auf andere über, obwohl ihn viele berührten (Vers 31). Erst der Glaube dieser blutflüssigen Frau hat diese Kraft von Jesus freigesetzt, sie floss in ihren kranken Leib und sie war geheilt.

Lukas berichtet uns: ***„Und alles Volk begehrte Ihn anzurühren; denn es ging Kraft von Ihm aus und Er heilte alle.“*** (Lukas 6,19)

Wir sehen, dass Heilungskraft besonders durch Berührung von einer Person zur anderen fließt; Handauflegung ist hierbei ein von Gott verordnetes Instrument.

Im Dienst Jesu sehen wir, wie er zum Beispiel den Aussätzigen anrührte und reinigte (Markus 1,40), das Töchterchen des Jairus bei der Hand ergriff und es von den Toten auferweckte (Markus 5,41) und dem Taubstummen die Finger in die Ohren legte und mit Speichel seine Zunge berührte, sodass er wieder hören und sprechen konnte (Markus 7,33). Wir sehen hier auch, dass das Auflegen von Händen (oder allgemein: Berühren) beim Gebet für Kranke nicht zwingend am Kopf erfolgen muss. Allerdings darf hier eine ethische Grenze zwischen Mann und Frau niemals überschritten werden, wie leider in der Praxis schon vorgekommen.

Jesus sprach auch eine Frau unter Handauflegung los von einem Geist der Krankheit, den sie achtzehn Jahre schon hatte (Lukas 13,13). Gerade bei belasteten Menschen oder gar bei Besessenen ist natürlich entscheidend, dass man sich vom Heiligen Geist leiten lässt. Wenn einer unbedarft und willkürlich meint, Dämonen mit Handauflegung mal schnell vertreiben zu können, der irrt gewaltig. Es können hier unvorhersehbare Ereignisse geschehen, je nach Grad der Belastung oder Besessenheit. Der Mensch wird vielleicht hin und her gerissen, fliegt vielleicht in einem großen Boden zur Erde, schreit, wälzt sich und will sich vielleicht durch ein offenes Fenster nach unten stürzen. Diese Dinge mögen übertrieben klingen, ich schreibe sie aber aus eigener persönlicher Erfahrung. Ein zweiter Beter sollte also hierbei immer mit dabei sein. Bitte im Vorfeld um die Fülle des Geistes und um seine Führung, damit du jeglichen bösen Einfluss, der noch an dieser Person wirken will, überwinden kannst und er bei dir abprallt. Wenn man selbst in Sünde lebt, würde dies dem Teufel ein Einfallstor bieten, denn beim Handauflegen verbindet man sich geistlich in einer gewissen Weise mit der anderen Person.

Wenn man Dämonen bzw. finsteren Geistern gebietet zu weichen, kann dies auch ohne Handauflegung geschehen, lass dich jedesmal erneut leiten.

Das Auflegen von Händen kann also der Kanal sein, bei dem übernatürliche Heilungs- und Befreiungskraft von Gott kommend, durch den Betenden hin zum Empfangenden, übertragen wird. Es kann aber auch eine Handlung von einfachem Glauben und Gehorsam gegenüber Gottes Wort sein, oder beides. Wie auch immer, wo kindlicher und echter Glaube ist, kann auch Heilung und Befreiung erfolgen.

Erfüllung mit dem Heiligen Geist

Beispiele sehen wir bei Petrus und Johannes in Samaria: ***„Da legten sie die Hände auf sie, und sie empfingen den Heiligen Geist.“*** (Apostelgeschichte 8,17), bei Ananias in Bezug auf Saulus: ***„Und Ananias ging hin und kam in das Haus und legte die Hände auf ihn und sprach: Lieber Bruder Saul, der Herr hat mich gesandt (der dir erschienen ist auf dem Wege, da du herkamst), dass du wieder sehend und mit dem Heiligen Geist erfüllt werdest.“ (Apostelgeschichte 9,17) und bei Paulus in Ephesus: „Und da Pau-***

lus die Hände auf sie legte, kam der Heilige Geist auf sie, und sie redeten mit Zungen und weissagten. " (Apostelgeschichte 19,6)

Jeder geisterfüllte Gläubige kann mit einem anderen dafür beten, aber er muss selbst mit der Kraft des Heiligen Geistes ausgerüstet sein, Das Spenden des Heiligen Geistes als reines kirchliches Ritual ist meist wirkungslos (z.B. bei der Firmung), da nicht die Handlung in sich den Heiligen Geist spendet, sondern abhängig ist von der Erwartungshaltung des Gesegneten an Gott. Wenn das nicht gegeben ist, bleibt es meist eine wirkungslose Handlung.

Die oft nicht berücksichtigte Voraussetzung ist die, dass der Handauflegende selbst die Fülle des Geistes haben sollte und im Gebet zu Gott einem bereits wiedergeborenen Christen den Heiligen Geist, als von Gott kommend, weitervermittelt. Der sich nach diesem Segen ausstreckende Christ, muss dabei selbst im Glauben den Heiligen Geist in Empfang nehmen.

Ausrüstung mit Gaben

Betreffs der Vermittlung von Gaben lesen wir: ***„Lass nicht außer Acht die Gabe in dir, die dir gegeben ist durch Weissagung mit Handauflegung der Ältesten.*** " (2. Timotheus 1,6)

Durch Gebet und Weissagung kann aktiviert werden, was Gott hineingelegt hat. Natürlich ist dies nur eine der Möglichkeiten, die Gott benutzen kann, um bei seinen Jüngern Gaben hineinzulegen bzw. hervorzurufen.

Einsetzung zum Dienst

Hier wird der Person unter Gebet und Handauflegung die göttliche Weisheit und Autorität vermittelt, die sie für ihren speziellen, von Gott berufenen Dienst, braucht.

Bei der Einsetzung der sieben Diakone in Jerusalem lesen wir: ***„Diese stellten sie vor die Apostel; die beteten und legten die Hände auf sie.“*** (Apostelgeschichte 6,6)

Bei der Aussendung von Paulus und Barnabas von Antiochien heißt es: ***„Da sie aber dem Herrn dienten und fasteten, sprach der Heilige Geist: Sondert mir aus Barnabas und Saulus zu dem Werk, dazu ich sie berufen habe. Da fasteten sie und beteten und legten die Hände auf sie und ließen sie ziehen.“*** (Apostelgeschichte 13,2-3)

Beim Auflegen der Hände auf Paulus und Barnabas beteten die anderen Gemeindeleiter für spezielle geistliche Weisheit, Gnade und Kraft, die sie für eine effektive Ausführung des von Gott gegebenen Dienstes benötigten. Im A.T. sehen wir hierzu das Beispiel, wie Mose seinem Nachfolger Josua die Hände auflegte, um ihn auszurüsten für die ihm bevorstehende Aufgabe. ***„Und der Herr sprach zu Mose: Nimm Josua zu dir, den Sohn Nuns, einen Mann, in dem der Geist ist, und lege deine Hände auf ihn …“*** (4. Mose / Numerus 27,18)

Nach dem Tod Mose lesen wir: ***„Josua aber, der Sohn Nuns, ward erfüllt mit dem Geist der Weisheit; denn Mose hatte seine Hände auf ihn gelegt.“*** (5. Mose / Deuteronomium 34,9)

Wichtig: Der Heilige Geist gab den Impuls. Das Auflegen der Hände (inkl. Fasten und Gebet) ist nur das menschliche Instrument für den schon vorhandenen Ruf Gottes, um das benötigte Rüstzeug für den gottgegebenen Auftrag in den Menschen hineinzulegen.

Eine andere Anweisung von Paulus an Timotheus lautet: ***„Die Hände lege niemand zu bald auf; mache dich auch nicht teilhaftig fremder Sünden.“*** (1. Timotheus 5,22)

Aus dem Textzusammenhang geht hervor, dass es sich hier um die Einsetzung von Ältesten handelt. Timotheus wird also gesagt, dass das offizielle Einsetzen in den Dienst mit Handauflegung ein sich eins machen mit dieser Person bedeutet; dadurch auch ein sich eins machen mit eventuellen Sünden dieser Person bedeuten würde. Der einzusetzende Älteste soll eine Vorbildfunktion ausüben, von daher darf er keine Laster haben oder in bewusster Sünde leben. Ein zu schnelles Handauflegen, also ein Einsetzen in den Dienst, würde bedeuten, dass diese Sünden öffentlich toleriert würden.

Das Handauflegen bedeutet bei der Einsetzung zum Dienst:

- öffentliche Bestätigung der Gemeindeleitung
- dem neuen Amt anbefehlen
- Gnade, Weisheit, Kraft und Vollmacht, die für diesen Dienst nötig ist, zu vermitteln

Beim Einsetzen zum Dienst sollen der Segnende, als auch der Gesegnete, untadelige, geisterfüllte Personen sein.

Zusammenfassend können wir zur Handauflegung sagen, dass sie bei ihrer Anwendung immer einen bestimmten geistlichen Zweck erfüllen soll, und sie von Gebet und manchmal von prophetischen Äußerungen begleitet wird. Die segnende Person soll voll Heiligen Geistes sein und die Person, auf die die Hände gelegt wird, sollte einen gehorsamen Lebenswandel führen und im Glauben die Segnungen in Empfang nehmen.

Da das Handauflegen in so mannigfaltiger Weise dem Einzelnen dient, sollte man dieser Grundwahrheit, als diese sie im Hebräerbrief 6,1-2 beschrieben wird, auch die entsprechende Bedeutung beimessen.

Die Ölsalbung

„Ist jemand unter euch krank, der rufe zu sich die Ältesten der Gemeinde, dass sie über ihm beten und ihn salben mit Öl in dem Namen des Herrn. Und das Gebet des Glaubens wird dem Kranken helfen, und der Herr wird ihn aufrichten; und wenn er hat Sünden getan, wird ihm vergeben werden. Bekennet einer dem anderen seine Sünden und betet füreinander, dass ihr gesund werdet. Des Gerechten Gebet vermag viel, wenn es ernstlich ist.“ (Jakobus 5,14-16)

„Und die Jünger gingen aus und predigten, man solle Buße tun und trieben viele böse Geister aus und salbten viele Kranke mit Öl und machten sie gesund.“ (Markus 6,12-13)

Das Mitteilen von Heilung und Leben an den Leib des Kranken durch den Heiligen Geist ist durch das Salben des Leibes mit Öl symbolisiert.

Es ist jedoch nicht das Öl in sich, sondern der Heilige Geist, der durch das Öl symbolisiert wird, der das eigentliche Werk der Heilung vollführt.

„Die Ölsalbung ist ein von Gott gesetzter Akt des Glaubens, durch welchen das Mitteilen von göttlichem Leben und Gesundheit durch den Heiligen Geist für den kranken Leib des Gläubigen beansprucht wird.“ [13] Es ist wie eine Bitte an den Heiligen Geist, die Heilung zu übernehmen.

Das Salben mit Öl ist nicht im Sinne einer medizinischen Behandlung zu verstehen, wie es leider in manchen christlichen Büchern geschrieben steht, so zum Beispiel in Halley's weltbekanntem ‚Handbuch zur Bibel' (14) und in ‚Wuest's Wortstudien'. (15)

Man hat versucht fälschlicherweise eine medizinische Heilung aus dem Gleichnis von Lukas 10,34 abzuleiten, in dem der barmherzige Samariter die Wunden des niedergeschlagenen Mannes mit Öl lindert und auch aus der Stelle von Jesaja 1,6, in der das sündige Volk Israel mit einem kranken Menschen verglichen wird, dessen Wunden, Striemen und Eiterbeulen nicht mit Öl gelindert sind. Man vergisst hierbei, dass zwar einerseits wirklich Wunden mit Öl gelindert werden können, aber andererseits Öl auch damals nicht das Allheilmittel jeglicher Krankheit war, die Jakobus-Stelle aber jegliche Krankheit meint.

Zudem gibt es in der Bibel Stellen, die *buchstäblich* und andere, die *geistlich* zu verstehen sind; beides darf nicht durcheinander geworfen werden. Öl wird in der Bibel eben auch als Symbol des Heiligen Geistes benutzt.

Zu einer medizinischen Behandlung wären auch nicht die **‚Ältesten'** (Jakobus 5,14) einer Gemeinde erforderlich gewesen, ebenso wäre das Gebet des Glaubens und das Anrufen des Namens Jesu nicht entscheidend, wenn das Öl selbst die Heilung bewirken würde.

Auch darf man in den griechischen Ausdruck für Salbung ‚aleipho' nicht nur medizinische Handlungen hineinlesen, da es „… ein genereller Ausdruck ist, der für Salbungen jeglicher Art benutzt wurde." (16)

Eine weitere falsche Umdeutung der Jakobus-Stelle, ist die der Letzten Ölung. Die Letzte Ölung ist nach röm.-kath. Auffassung das Sakrament, „... in welchem diejenigen, die kurz vor dem Sterben sind, durch die Salbung mit heiligem Öl und durch das Gebet des Priesters spezielle Gnade empfangen, um der Barmherzigkeit Gottes anvertraut zu werden und um den letzten Attacken und Versuchungen des Teufels widerstehen zu können.“ (17)

Dabei ist die Ansicht, aus der Ölsalbung eine Letzte Ölung ableiten zu wollen, völlig irrig. Luther stellt dazu in seinem Buch ‚Babylonische Gefangenschaft‘ heraus, dass das röm.-kath. Sakrament der Letzten Ölung eine Vorbereitung für den Tod ist und dies entgegengesetzt zur Jakobus-Stelle sei, in der sie Wiederherstellung zum Leben bedeutet.

So können wir zusammenfassend feststellen, dass das Öl nicht gebraucht wird aufgrund irgendwelcher natürlicher Heilungsfähigkeiten, die es besitzen mag, noch fließen dadurch sakramentale Kräfte bei einer unbiblischen sogenannten ‚Letzten Ölung‘ in den Leib eines Sterbenden, sondern es ist einfach ein Typus (Sinnbild) für den Heiligen Geist, der Heilung beim Kranken bewirken soll.

Man nimmt also bei der Ölsalbung im Glauben in Anspruch, dass durch den Geist Gottes göttliches Leben und Heilung dem kranken Leib zufließen wird.

Aus eigener Erfahrung habe ich auch erlebt, dass beim Austreiben von Dämonen bei Besessenen manche Dämonen mit viel Geschrei den Menschen verließen, wenn derjenige mit Öl gesalbt wurde und obendrein die Kraft des Blutes Jesu proklamiert wurde. Denn das Öl repräsentiert ja die Gegenwart des Heiligen Geistes. Gerade hier gilt wieder, dass bei Belasteten oder gar Besessenen die Leitung des Geistes Gottes unerlässlich ist. Kein Fall ist wie der andere.

Am Rande sei bemerkt, dass wir aus Jakobus 5,14 ***„… wer unter euch krank ist, der rufe zu sich die Ältesten der Gemeinde …“*** zusätzlich auch folgende Wahrheiten herauslesen können:

Eine Person, die nie ein Bekenntnis ihres Glaubens abgelegt hat, und die sich nicht einer christlichen Gemeinde angeschlossen hat, würde weder in dem Ausdruck *„… unter euch krank ist …“* mit eingeschlossen sein, noch würde eine solche Person wissen können, welches die Ältesten der Gemeinde sind, die sie ja rufen soll. Das heißt, dass die Verordnung der Ölsalbung in erster Linie für die gedacht ist, die schon ihren Glauben an Christus öffentlich bekundet und sich einer christlichen Gemeinde angeschlossen haben. (18)

Diese Jakobusstelle beinhaltet also, dass jeder Christ so fest mit einer Ortsgemeinde verbunden sein soll, dass er die Ältesten kennt, und die Ältesten (oder ein oder mehrere Hauskreisleiter) ihn kennen. Es zeigt auch, dass diese Salbung mit Öl beim Kranken zu Hause stattfinden wird. Das Öl repräsentiert die Gegenwart des Heiligen Geistes, der sonst in der Gemeindeversammlung wirkt. Da es dem Kranken nicht möglich ist am Gottesdienst teilzunehmen und dort für sich beten zu lassen, ruft er stattdessen nun die Ältesten. Das Öl zeigt symbolhaft, dass auch im Schlafzimmer des Kranken zu Hause nun der Heilige Geist gegenwärtig ist, zugleich repräsentieren die Ältesten bzw. Hauskreisleiter die Gemeinde.

Die allgemein übliche Praxis, dass in den Gemeindegottesdiensten die nach vorne Kommenden mit Öl gesalbt werden ist sicherlich gut, entspricht aber nicht direkt der Jakobusstelle, bei dem diese Anwendung eben für gläubig Kranke zu Hause oder im Krankenhaus gedacht ist und quasi der Gottesdienst und die Gegenwart des Heiligen Geistes durch die Ältesten an das Krankenbett getragen wird und dort dann um Genesung gebeten und mit Öl gesalbt wird.

Das Abendmahl

„Der Herr Jesus in der Nacht, da Er verraten ward, nahm Er das Brot, dankte und brach's und sprach: ‚Nehmet, esset, das ist mein Leib, der für euch gegeben wird; solches tut zu meinem Gedächtnis'; desgleichen auch den Kelch nach dem Mahl und sprach: ‚Dieser Kelch ist das Neue Testament in meinem Blut; solches tut, sooft ihr's trinket, zu meinem Gedächtnis'. Denn sooft ihr von diesem Brot esset und von diesem Kelch trinket, verkündigt ihr des Herrn Tod, bis dass Er kommt." (1. Korinther 11,23-26)

„Der gesegnete Kelch, welchen wir segnen, ist der nicht die Gemeinschaft des Blutes Christi? Das Brot, das wir brechen, ist das nicht die Gemeinschaft des Leibes Christi? Denn ein Brot ist's, so sind wir viele ein Leib, weil wir alle eines Brotes teilhaftig sind." (1. Korinther 10,16-17)

Im Gegensatz zur Taufe, die eine einmalige Handlung ist, wird das Mahl des Herrn immer wieder gefeiert, weil es die ständige Gemeinschaft ausdrückt, die zwischen unserem Herrn und seiner Gemeinde besteht.

Aus den biblischen Berichten kann man schließen, dass die ersten Gemeinden sehr oft (wohl mindestens einmal pro Woche) das Mahl des Herrn feierten (Apostelgeschichte 2,46 und 20,6).

Folgende Begriffe werden anstelle von ‚Abendmahl' noch im Neuen Testament benutzt:

Mahl des Herrn, Tisch des Herrn und Brotbrechen.

Ansonsten sind allgemein auch Gedächtnismahl, Heiliges Mahl und Eucharistie gebräuchlich.

Zu Eucharistie sei gesagt, dass es von dem griechischen Wort für ‚danksagen' kommt. Da sich durch den kirchlichen Sprachgebrauch und durch den Gedanken an die katholische priesterliche Amtshandlung eine andere Bedeutung des Wortes ergeben hat, die nicht mit der ursprünglichen Übersetzung identisch ist, sollte man mit dem Gebrauch dieses Begriffes vorsichtig sein und im Sprachgebrauch besser eines der anderen Namen vorziehen.

Als der Herr Jesus sein Mahl einführte, hat er uns damit ein ständig wiederkehrendes Bild auf seinen Tod hinterlassen. Die Tatsache, dass er uns beauftragt hat, seinem Sterben, aus Liebe zu uns, in den Zeichen des gebrochenen Brotes und des ausgegossenen Weines zu gedenken, zeigt uns, dass unsere Gedanken daran ihm sehr wichtig sind. Sein Herz ist darüber erfreut, wenn wir seiner gedenken, wenn wir in den Symbolen mit dankbarem Herzen uns daran erinnern, dass ER, der Herr der Herrlichkeit, am Kreuz für uns starb und uns ewiges Heil erwarb.

Es soll ein Gedächtnismahl sein, solange ***„… bis dass er kommt"*** (1. Korinther 11,26) Ein Hinweis darauf, dass er kommen wird bis in die Wolken, um uns zu sich nach Hause zu nehmen. Dies ist eine klare Andeutung auf die bevorstehende Entrückung (die erste Auferstehung der Gläubigen und Entrückung der lebenden Gläubigen, siehe 1. Korintherbrief 15,51-52 und 1. Thessalonicher 4, 13-18). Hatte Jesus es nicht beim letzten Abendmahl mit seinen Jüngern offen ausgesprochen: ***„Ich sage euch: Ich werde von nun an nicht mehr von diesem Gewächs des Weinstocks trinken bis an den Tag, da ich's neu trinken werde mit euch in meines Vaters Reich.“*** (Matthäus 26,29)

Das Abendmahl ist uns eine stetige Erinnerung daran, dass der Messias selbst sein Blut am Kreuz vergossen hat, dass nun ***„… alle, die an Ihn glauben, nicht verloren gehen, sondern ewiges Leben haben.“*** (Johannes 3,16)

„Am Tisch des Herrn teilzunehmen heißt, dass wir uns als seine Gäste, denen Er sein Sühneopfer darreichte, und als seine Bündnispartner bekennen. Dies ist der eigentliche Zweck und Grundgedanke dieses symbolischen Essens und Trinkens; man hat Anteil an allen Vorrechten, die uns Jesus durch sein Opfer bot und bekennt sich selber zu allen Verpflichtungen, die aus dem Tod und Opfer Jesu resultieren.“ [19]

Das Abendmahl hat auch eine direkte Verbindung zum Passahfest. Es heißt: ***„Auch wir haben ein Passahlamm, das ist Christus, für uns geopfert.“*** (1. Korinther 5,7)

„So wie das Passahfest (eigentlich Pesachfest; ‚pesach‘ kommt von ‚vorübergehen‘, da damals der Engel Gottes an den Häusern Israels vorüberging und sie nicht mit der Tötung der Erstgeburt strafte) auf die Befreiung aus Ägypten zurückblickt und auf Sein erstes Kommen hinweist, so blickt das neue Gedächtnismahl zurück auf Seinen Tod und vorwärts auf Sein zweites Kommen in Herrlichkeit.“ [20] Beim Passahfest schaute man vorwärts zum Kreuz, beim Abendmahl zurück zum Kreuz. Die Israeliten erinnerten sich der Erlösung ihrer Befreiung aus der Sklaverei in Ägypten, und hier die an Jesus Christus Gläubigen ihres Befreiers aus der Sklaverei der Sünde. Passah wurde innerhalb der natürlichen Familie gefeiert, das Abendmahl feiert man nun innerhalb der Familie Gottes.

Das Passahfest spricht auch zu uns von der Notwendigkeit der persönlichen Aneignung, also des persönlichen in-Anspruch-Nehmens. Es wurde nämlich damals nicht nur Blut vergossen, sondern auch Blut versprengt. Die Israeliten in Ägypten mussten das Lamm nicht nur schlachten, sondern das Blut musste in einen Behälter gegossen und die Türpfosten und die Oberschwelle der Haustür damit besprengt werden. Es gibt viele Leute die zwar glauben, dass das Blut Christi vergossen wurde und dass Jesus Christus starb, aber sie haben sein Erlösungswerk nicht für sich selber in Anspruch genommen, also sich nicht im Gebet bei Jesus dafür bedankt, noch wollen sie ihm nachfolgen und er soll auch nicht „der Herr“ in ihrem Leben sein.

Abendmahl nehmen soll aber nur derjenige, der persönliche Vergebung durch das Blut Jesu für sich in Anspruch genommen hat und in der Gemeinschaft mit Christus lebt.

Da jedoch unter der sogenannten Christenheit das Abendmahl leider als ein heilspendendes Sakrament angesehen wird, wollen wir auf dessen Entstehungsgeschichte nun eingehen.

Da in Jerusalem in der Urgemeinde Tausende von Christen ***„… das Brot in den Häusern hin und her brachen …“*** (Apostelgeschichte 2,46), ist es klar, dass in diesen Hunderten von Hauszusammenkünften nicht nur die Apostel, sondern ganz normale Christen das Brot miteinander gebrochen haben, denn die Anzahl der Christen in der Jerusalemer Gemeinde war innerhalb kurzer Zeit auf mehrere Tausend Menschen angewachsen, ***„… und sie waren täglich und stets beieinander einmütig im Tempel und brachen das Brot hin und her in den Häusern.“*** (Apostelgeschichte 2,46)

Im Neuen Testament heißt es: ***„Ihr seid das königliche Priestertum.“*** (1. Petrus 2,9) Das biblische Verständnis ist das des allgemeinen Priestertums, d.h. jeder wiedergeborene Christ und Nachfolger Jesu ist auch als Priester berufen. Gegensätzliche Begriffe der ‚Geistlichkeit‘ (ordiniertes Priestertum) und ‚Laientum‘ kennt das Neue Testament nicht.

Da alle dasselbe Brot essen, das gebrochen wird, ist es auch ein Zeichen dafür, dass man als Christen zusammengehört, dass man Glied am selben Leib ist, wie geschrieben steht: ***„Denn ein Brot ist‘s, so sind wir viele ein Leib, dieweil wir alle eines Brotes teilhaftig sind.“*** (1. Korinther 10,17)

Die Erinnerung an den Herrn und Seinen Tod, symbolisiert durch das Brotbrechen und das Trinken des Kelches, wurde aber schon im 2. Jh. langsam verändert zu einem geheimnisvoll ausgeführten Akt durch den Priester.

Dieses, zusammen mit der zum selben Zeitpunkt aufkommenden Lehre der ‚Wiedergeburt durch die Taufe‘, half entscheidend mit, den Unterschied zwischen dem ordinierten Priestertum (Geistlichkeit) und dem Laientum, wachsen zu lassen.

Im Jahre 818 hat Paschasius Radbent (Anm.: auch Radbertus genannt, Benediktinermönch und Abt von Corbie) dann in aller Form die Lehre vorgetragen, dass die materiellen Elemente in dem Sakrament durch göttliche Kraft buchstäblich in denselben Leib, den Maria geboren hat, verwandelt werden. Die äußerliche Form von Brot und Wein wird, nach der Segnung, zu einem bloßen Schleier, der die Sinne täuscht. [21]

Kardinal Humbert von Silva Candida (im Jahre 1059) und Erzbischof Laufranc (im Jahre 1089) machten sogar die krasse Aussage, dass der reale Leib von Christus wahrhaftig in des Priesters Händen gehalten, gebrochen und gekaut wird, durch die Zähne Seiner Treuen. Diese Ansicht wurde dann durch Hildebert von Lavardin, Erzbischof von Tours, im Jahr 1133 in Fassung gebracht und als die Lehre der Transsubstantiation (stoffliche Umwandlung) bezeichnet.

Beim vierten Lateran-Konzil (gehalten 1215 im Lateran, im Stadtteil Monti in Rom) wurde dieses bekannte Dogma von Papst Innocenz III. als ein wichtiger Punkt in das katholische Glaubensbekenntnis übernommen.

Man sagt im Katholizismus auch, dass ein ‚Messopfer' gebracht wird. Auf seinem Höhepunkt (‚consecratio', welches ‚Weihung' bedeutet) soll sich die Transsubstantiation oder ‚Wandlung der Substanzen' von Brot und Wein in Leib und Blut des Herrn vollziehen. Die Weiheformel kann nur der katholische Priester sprechen, der die Vollmacht zur Darbringung des Opfers besitzt. In der Hostie ist der Gottmensch gegenwärtig geworden (Realpräsenz = reale Gegenwart). [22]

Zu diesem mystischen Ablauf des Messopfers und der Anbetung einer Hostie (siehe besonders das Fronleichnamsfest) kommt noch die unbiblische Bedeutung des Messopfers. Wir lesen dazu von katholischer Seite:

„Wenn die Kirche die heilige Eucharistie feiert, bringt Christus in unserer Mitte dasselbe Opfer dar, das Er am Kreuze dargebracht hat. Das heilige Messopfer ist dasselbe Opfer wie das Kreuzesopfer, weil in beiden Christus der Opferpriester und die Opfergabe ist. Weil das heilige Messopfer dasselbe ist wie das Kreuzesopfer, ist es das vollkommenste Opfer. Durch die heilige Eucharistie wird unermesslicher Segen auf die ganze Welt herabgerufen, auf Lebende und Verstorbene. Die heilige Eucharistie ist das vollkommenste Lob-, Dank-, Sühne- und Bittopfer.“ (23)

Merken wir‘s? Hier wird letztlich die Einmaligkeit des Opfers Jesu Christi am Kreuz und seine vollgültige ewige Wirkung bestritten, für wiederholungsfähig erklärt und in den Bereich mystisch-magischer Riten verlagert.

Das klare Wort der Heiligen Schrift bezeugt dagegen, dass ***„… Christus einmal geopfert ist, wegzunehmen vieler Sünden.“*** (Hebräer 9,28).

„Er ist durch sein eigen Blut einmal in das Heiligtum eingegangen und hat eine ewige Erlösung erworben.“ (Hebräer 9,12)

Das Abendmahl wiederholt doch nicht jenes gültige, ein für alle Mal geschehene, Golgatha-Erlebnis!

„Christi Gegenwart ist auch nicht die Gegenwart eines Naturphänomens und auch nicht die Bildung einer neuen Substanz, deren man habhaft werden könnte.“ (24) Die Elemente sind und bleiben schlichtweg Symbole.

Als Jesus beim letzten Abendmahl das Brot nahm und sprach: ***„Dies ist mein Leib …“*** (Matthäus 26,26), wie konnte da das Brot, das er in der Hand hielt, sein buchstäblicher Leib sein? Es symbolisierte natürlich nur seinen Leib. Und wie konnte der Wein sein wirkliches Blut sein, da er doch noch unter ihnen saß und Sein Blut noch nicht vergossen hatte?

Im Jahre 1381 veröffentlichte auch John Wycliff seine Ablehnung gegenüber dieser Lehre der Transsubstantiation. (25)

Der Reformator Dr. Martin Luther erkannte das Dogma der Transsubstantiation ebenso nicht an. Er wies zurück, dass die Messe einen gegenwärtigen Wert als Opfer, sowohl für die Lebenden, als auch für die Toten, haben sollte. Stattdessen setzte er die Lehre von der Konsubstantiation (Vereinigung des Leibes Christi mit dem Brot im Abendmahl) ein. Dies bedeutet bei Luther, dass während Brot und Wein unverändert bleiben, Leib und Blut Christi auf geheimnisvolle Art und Weise ‚in und unter' den Elementen sei.

Wir betrachten uns hierzu einige Auszüge aus Luthers Katechismus: (26)

Was ist das Sakrament des Altars?

> *Es ist der wahre Leib und Blut unseres Herrn Jesu Christi, unter dem Brot und Wein uns Christen zu essen und zu trinken von Christo selbst eingesetzt.*

Was empfangen wir im heiligen Abendmahl?

> *Wir essen ein gesegnetes Brot und den wahren Leib Christi und trinken den gesegneten Wein und das wahre Blut Christi.*

Was nützt denn solch Essen und Trinken?

... dass uns im Sakrament Vergebung der Sünden gegeben wird.

Worin besteht also der Nutzen des heiligen Abendmahls?

In Vergebung der Sünden.

So glaubst du, dass im Sakrament der wahre Leib und das wahre Blut Christi sei? (27)

Ja, ich glaube es.

Obwohl also Luther die abergläubige und mystische Stoffumwandlung ablehnt, sehen wir hier, dass in seinen Augen das Sakrament immer noch heilsspendend ist und zuständig für die Vergebung der Sünden beim Empfangenden. Schade, dass er in diesem Punkt ebenso völlig danebenlag.

Hochlutheraner (also diejenigen, die sich strikt auf die Lehre Luthers berufen) sagen, dass der reale Leib und das reale Blut Christi in, mit und unter dem Brot und Wein sind. Melanchthon lehnte sich mehr an Calvins Überzeugung, dass Christus wahrhaftig gegenwärtig in dem Brot und Wein ist, aber in einer geistlichen Weise, nicht in seinem realen Leib und Blut. Die Zwinglianer, mit denen Luther vor seinem Tod einen harten Meinungskrieg führte, halten dafür, dass Christus überhaupt nicht gegenwärtig ist in den Sakramenten, sondern dass Brot und Wein Symbole sind, um uns an Seinen Tod zu erinnern. Desgleichen hat auch Kaspar von Schwenckfeld, Führer der Reformation in Schlesien, die Elemente Brot und Wein als reine Symbole gesehen.

Wir sehen, dass Luther leider mittendrin stehengeblieben ist, Calvin der ursprünglichen Bedeutung zwar einen Schritt näherkam, dass aber unter den großen Reformatoren nur Zwingli, Schwenckfeld und die gesamte Täuferbewegung den eigentlichen Sinn des Gedächtnismahls richtig erfassten; im Brot sahen sie symbolisch Christi Leib und im Wein symbolisch Christi Blut repräsentiert.

Sie betrachteten die Elemente Brot und Wein also nur als äußere Zeichen und gaben ihnen dadurch wieder ihren ursprünglichen Stellenwert; gleichzeitig wird die Bedeutung als Erinnerungsmahl an Jesu Tod und die Wichtigkeit der vorausgehenden inneren Beziehung mit Christus beim Empfangenden, durch diese biblische Sichtweise wieder auf den Leuchter gestellt.

Später sahen auch die *gemäßigte Richtung* des reformierten Protestantismus (Anm.: auch Arminianismus genannt, gegründet durch den holländischen Theologen Jacob Hermann (1560 – 1609), die lateinische Form seines Namens war Jacobus Arminius) und die Mennoniten im Abendmahl nur ein Gedächtnismahl und ein Akt des Bekennens. (28)

Die heutigen Versuche der beiden Großkirchen im Abendmahl auf einen Nenner zu kommen, werden niemals der biblischen Wahrheit gerecht werden können, weil beide von einer falschen sakramentalen Auffassung von Brot und Wein ausgehen. Hier zwei Auszüge:

„Die reformierte Lehre weiß mit den anderen Protestanten – und mit der römisch-katholischen Kirche –, dass Christus im Abendmahl real und wirklich anwesend ist. Die Realpräsenz ist

jedoch eine Spiritualpräsenz, Christus ist als der auferstandene Herr im Heiligen Geist gegenwärtig. “ (29)

„*Gemeinsam bekennen heute katholische und lutherische Christen, dass in der Eucharistie Leib und Blut des Herrn real empfangen werden, sei es zum Heil, sei es zum Verderben. Sie bekennen, dass der gläubige Empfang des eucharistischen Brotes und Weines die persönliche Vereinigung mit Jesus Christus, unserem Herrn und Heiland schenkt.* “ (30)

Schade, hier sehen wir deutlich, dass man denkt, man kann durch das bloße Spenden von Brot und Wein (in der römisch-katholischen Kirche werden meist nur Hostien ‚spendiert‘), Menschen Heil Gottes und Vergebung bringen und vergisst, dass Gott unser Herz möchte.

Bevor wir weiter kommentieren, wollen wir noch ein paar weitere Stimmen aus dem heutigen großkirchlichen Lager zu Wort kommen lassen:

„*Wenn wir an Pfingsten Abendmahl feiern, empfangen wir Teilhabe an der königlichen Kraft Christi, Teilhabe am Heiligen Geist.* “ (31)

„*Wir Christen glauben, dass sich uns im Brot, das wir essen, und im Wein, den wir trinken, Jesus Christus erneut hingibt und schenkt, in uns Eingang findet und im innersten Kern unserer selbst mit uns verbunden ist.* “ (32)

„*Wir feiern heute das Heilige Mahl so, dass in ihm Christus Seine Hingabe fortsetzen kann, in die Bereiche des entfremdeten Menschen hinein.* “ (33)

Das Verhängnisvolle bei diesen drei ausgewählten Aussagen ist, dass der Mensch der Passive dabei ist (das reine Essen und Trinken dabei ausgenommen). Christus würde durch das Mahl zu uns kommen, sich uns schenken, mit uns Gemeinschaft haben. Und so, sagt man, kommt Christus zu dem, der sich Ihm entfremdet hat, zum Sünder, ja generell zu allen, die das Mahl nehmen.

Im Neuen Testament wird aber vorausgesetzt, dass jeder, der zum Tisch des Herrn geht, sich vorher selbst geprüft hat, mit Gott und den Menschen ins Reine gekommen ist, gereinigt ist durch das Blut des Lammes und mit Christus in einer inneren Verbindung steht. Das Abendmahl soll dann das äußere Zeichen für die innige Gemeinschaft sein, die man mit Ihm hat. ***„Welcher nun unwürdig von diesem Brot isset oder von diesem Kelch des Herrn trinket, der ist schuldig an dem Leib und Blut des Herrn. Der Mensch prüfe aber sich selbst, und also esse er von diesem Brot und trinke von diesem Kelch.“*** (1. Korinther 11,27-28)

Ohne Buße und Vergebung der Sünden kann niemand in Gemeinschaft mit Gott treten, man muss Jesus seine Sünden bekennen und sie lassen wollen und im Glauben die Vergebung empfangen. Niemand kann dieses umgehen, indem er einfach durch das Essen des Brotes und Trinken des Kelches meint, Vergebung der Sünden und Gemeinschaft mit Christus zu haben.

„Denn welcher unwürdig isset und trinket, der isset und trinket sich selbst zum Gericht, damit, dass er nicht unterscheidet den Leib des Herrn. Darum sind auch viele

Schwache und Kranke unter euch, und ein gut Teil ist entschlafen. Denn so wir uns selbst richteten, so würden wir nicht gerichtet. " (1. Korinther 11,29-31) Gott will seine Gnade nicht billig verschenken. Wer also meint, er könne einfach am Abendmahl teilnehmen, aber weiterhin in Sünde leben, dem wird es zum Gericht gerechnet. Keine billige Gnade, wir lesen sogar von ganz knallharten Konsequenzen, wenn man ‚mit Gott spielt'. Auch wenn Brot und Wein nur Symbole sind, so sind sie doch während des Gottesdienstes gesegnet und damit geheiligt. Wer sich als Sünder darüber hinwegsetzt und sich selbst nicht richtet, also meint, keine Vergebung zu benötigen und sein sündiges Leben nicht ändern zu müssen, oder wer meint, dass er einfach „mitessen und mittrinken kann, da es ja nur ‚normales Brot' wäre, der kann das Gericht Gottes auf sich ziehen. Denn es ist nicht zu spaßen mit heiligen Dingen. Das Brot weist auf den am Kreuz hingegebenen Leib Christi hin und das muss der Empfangende auch sehr ernst nehmen.

Mögen wir erkennen, dass wir nur dann würdig am Mahl des Herrn teilnehmen, wenn wir wiedergeborene Christen sind, nicht bewusst in Sünde leben, mit Gott und den Menschen versöhnt sind oder wir dies zumindest anstreben und wir Christus den ersten Platz unseres Lebens gegeben haben und seine Jünger sind.

Dieses vorausgesetzt, sind wir alle Geladene zum Tisch des Herrn. Und wenn wir den Leib nehmen und den Kelch trinken, werden wir selbst zu Verkündigern seines Todes und seines Wiederkommens (und damit natürlich auch seiner Auferstehung), wie geschrieben steht: ***Denn sooft ihr von diesem Brot esset und von diesem Kelch trinket, verkündigt ihr des Herrn Tod, bis dass Er kommt.***“ (1. Korinther 11,26).

Sei ein Verkündiger und tritt herzu, zum Tisch des HErrn!

Die Taufe

„Darum gehet hin und machet zu Jüngern alle Völker: Taufet sie auf den Namen des Vaters und des Sohnes und des Heiligen Geistes." (Matthäus 28,19)

„Wisset ihr nicht, dass alle, die wir in Jesus Christus getauft sind, die sind in Seinen Tod getauft? So sind wir ja mit Ihm begraben durch die Taufe in den Tod, damit, gleichwie Christus ist auferweckt von den Toten durch die Herrlichkeit des Vaters, also sollen auch wir in einem neuen Leben wandeln." (Römer 6, 3-4)

Die Taufe soll doch die Einheit des Gläubigen mit Jesus Christus darstellen; seine Verbundenheit mit Ihm in Tod, Begräbnis und Auferstehung. Dieses wird somit durch die einmalige Handlung der Taufe zum Ausdruck gebracht.

Zuerst wollen wir die praktische Taufhandlung an sich untersuchen:

Es heißt: ***„Johannes taufte aber noch bei Änon, denn es war viel Wasser daselbst."*** (Johannes 3,23)

Ainon heißt übersetzt ‚Quelle'; und ‚viel Wasser' müsste wörtlich übersetzt ‚viele Wasser' heißen; d.h. viele Quellen und dadurch viele Ströme, also ein geeigneter Ort zum Taufen.

Weiter lesen wir: ***„Und da Jesus getauft war, stieg er alsbald herauf aus dem Wasser."*** (Matthäus 3,16)

„Und stiegen hinab in das Wasser beide, Philippus und der Kämmerer, und er taufte ihn. Als sie aber heraufstiegen aus dem Wasser ..." (Apostelgeschichte 8,38-39)

Wer aus dem Wasser heraufsteigt, steigt auch vorher ins Wasser hinab und sicherlich nicht, um nur einen Becher Wasser zu nehmen, um ihn über die andere Person zu gießen, oder sie damit zu besprengen.

Das griechische Wort für ‚taufen' ist ‚baptizo', welches mit ‚eintauchen' oder ‚untertauchen' übersetzt werden muss.

Zur Differenzierung der Wörter ‚tauchen' und ‚sprengen' lesen wir im A.T.: ***„Der Priester soll seinen Finger in das Blut tauchen und damit siebenmal sprengen vor dem Herrn, an den Vorhang im Heiligen."*** (3. Mose / Levitikus 4,6)

Das Wort ‚tauchen' stammt von dem griechischen Wort ‚baptizo' und ‚sprengen' vom griechischen ‚rantizo'.

‚Baptizo' bezieht sich in diesem Vers auf die Handlung, in der der Finger in das Blut eingetaucht wird, und ‚rantizo' spricht von dem Ritual, in dem das Blut dann versprengt wurde. (34)

Im Neuen Testament finden wir in Zusammenhang mit der Taufe immer nur ‚baptizo'. Wir sehen also, dass der Taufvorgang immer mit viel Wasser, damit es zum Untertauchen reicht, vollzogen wurde.

Durch die Taufe (das Untergetauchtwerden) wird ***„… nicht die Unreinigkeit am Fleisch abgetan, sondern (sie ist) der Bund eines guten Gewissens mit Gott, durch die Auferstehung Jesu Christi."*** (1. Petrus 3,21) Es wird der sichtbaren und unsichtbaren Welt gezeigt, dass wir unserem alten Leben, in welchem die Sünde regierte, gestorben sind. Durch das Emporkommen aus dem Wasser zeigen wir symbolisch, dass wir auferstanden sind mit Christus und bereits dieses neue Leben empfangen haben.

Die Taufe ist kein Sakrament, durch welches wir wiedergeboren werden, sondern ein Zeichen nach außen, um die bereits vorausgegangene Identifikation mit Christus und die Lebensübergabe an ihn, öffentlich zu zeigen.

Natürlich wird man nicht zur Taufe gehen mit dem Vorsatz, das gleiche Leben wie früher weiterzuleben, sondern um in einem neuen Leben zu wandeln. Aber diese innere Umkehr geschieht nicht durch oder während der Taufe, sondern muss sich vorher in uns vollzogen haben, sodass es durch die Taufe dann öffentlich bekräftigt wird. Wir bekennen in der Taufe, dass wir unseren alten Menschen ausgezogen und ***„Christus angezogen haben.“*** (Galater 3,27)

Das innere Bekenntnis wird also durch die Taufe unter Zeugen offiziell bekannt gemacht.

„Wisset ihr nicht, dass alle, die wir in Jesus Christus getauft sind, die sind in Seinen Tod getauft?“ (Römer 6,3)

‚In Christus hineingetauft‘ bedeutet Gemeinschaft mit Christus, nämlich zu verstehen, dass sein Tod stellvertretend für mich war. Ich hätte aufgrund meiner Sünden sterben müssen, aber er ist stellvertretend für mich gestorben. Es bedeutet, nun in einer inneren Einheit mit ihm zu leben. Uns ist klar, dass dies nicht etwas ist, was wir selbst hervorbringen können, sondern wir nehmen es im Glauben an.

Mit Christus gestorben zu sein, heißt auch gleichzeitig, der Sünde gestorben zu sein. ***„So sind wir ja mit Ihm begraben***

durch die Taufe in den Tod, damit, gleichwie Christus ist auferweckt von den Toten durch die Herrlichkeit des Vaters, also sollen auch wir in einem neuen Leben wandeln. " (Römer 6,4)

Alle die mit Christus gestorben sind, sind auch mit ihm auferweckt. Dieses ‚Auferstehen mit Christus' ist ein Auferstehen zu einem neuen Leben. Mit Christus zu sterben bedeutet, der Sünde gestorben zu sein (die Macht der in uns wohnenden Sünde ist gebrochen), und mit ihm aufzuerstehen bedeutet, nicht für uns selbst zu leben, sondern für ihn, der für uns starb und auferstand.

Nun wollen wir eine etwas schwierigere Stelle betrachten:

„***Tut Buße und lasse sich ein jeglicher taufen auf den Namen Jesu Christi <u>zur</u> Vergebung eurer Sünden.***" (Apostelgeschichte 2,38)

‚Zur' ist die geläufige Übersetzung der griechischen Präposition ‚eis'. Eine genaue Erforschung des griechischen Wortes ergibt, dass ‚eis' auch oft für ‚because of' (35), zu Deutsch ***‚infolge von'***, stehen kann. Dass diese Übersetzung hier gewählt werden muss, geht aus dem biblischen Gesamtzusammenhang eindeutig hervor (siehe hierzu Matthäus 28,19: ***Erst*** zu Jüngern machen, ***dann*** taufen).

Vergebung der Sünden ist die Ursache, Taufe die Folgehandlung. Anders ausgedrückt: Da ich Vergebung meiner Sünden bekommen habe, lasse ich mich infolgedessen taufen.

Auch bei der Bußtaufe des Johannes des Täufers wird in Matthäus 3,11 oft ***„... zur Vergebung eurer Sünden"*** übersetzt. Im Griechischen steht für ‚zur' hier wieder ‚eis' (‚infolge von').

Über diese Bußtaufe schreibt interessanterweise der jüdische Geschichtsschreiber Josephus Flavius: *„Johannes ... befahl den Juden Rechtschaffenheit auszuüben ... und so zur Taufe zu kommen, ... nicht um das Wegtun einiger Sünden willen, sondern ... immer vorausgesetzt, dass die Seele vorher völlig gereinigt worden ist durch Rechtschaffenheit.*" (36)

Die apostolischen Väter betrachteten die Taufe demnach nicht als absolut notwendig für den Beginn des geistlichen Lebens und für die Wiedergeburt, aber sie sahen die Taufe als das vervollständigende Element in dem Prozess der Erneuerung. Aber schon kurz danach kam im 2. Jh. die falsche Lehre auf, dass sich bei der Taufe die Wiedergeburt vollziehe.

Auf Grund kirchengeschichtlicher Forschung steht fest, dass auch die Kindertaufe schon in der zweiten Hälfte des 2. Jahrhunderts aufgekommen ist. Leider entwickelte sich die Kindertaufe im Laufe der Kirchentradition dann mehr und mehr. Durch die Lehre der Erbsünde meinte man, dass ein ungetauftes Baby, falls es sterben würde, in die Hölle kommen würde, obwohl Jesus doch sagte, dass den Kindern das Himmelreich gehört.

Schon im 5. Jh. wurde die Kindertaufe kirchlich zur Pflicht gemacht und die biblische Taufe der Gläubigen gewaltsam unterdrückt.

Im Jahre 413 erließen diesbezüglich die beiden Kaiser Honorius und Theodosius II. die Bekanntmachung der Todesstrafe für alle sogenannten ‚Wiedertäufer'. Trotzdem konnte die biblische Taufe niemals ausgerottet werden, vielmehr hat sie in allen Jahrhunderten ihre Vertreter und Verteidiger gehabt.

Auch Augustin hielt leider dafür, dass Kinder, die ungetauft sterben, verloren gehen. Was Kinder angeht, war er von dem Sakrament, welches aus sich selbst heraus wirkt (‚ex opere operato'), überzeugt. [37]

Auch die Scholastiker (siehe Fußnote I, Seite 10) entwickelten sich nach anfänglich anderer Überzeugung leider mehr und mehr in ihrer Lehre in dieselbe Richtung, bis sie schlussendlich auch daran glaubten, dass die Taufe aus sich selbst heraus wirke, wenn der Empfangende ihr kein Hindernis in den Weg lege. Weiterhin glaubten sie leider, dass die dadurch vermittelte Gnade den Getauften u.a. in die Gemeinschaft der Heiligen und in die sichtbare Gemeinde der Gläubigen einverleibe und Befreiung der Erbsünde und allen Sünden bis zur Taufe brächte, und durch das Hineinlegen von heiligender Gnade und den übernatürlichen Werten des Glaubens eine geistliche Erneuerung im Getauften bewirkt würde. Daher solle ein Mensch so früh wie möglich getauft werden; wenn es sein müsste, sogar durch Ungläubige.

Hier sehen wir deutlich, wie weit man sich von der Schrift hinwegbewegen kann, wenn man sich menschlichen Vernünfteleien hingibt. Und das wollten Scholastiker sein (‚dem Studium hingegebene')? Schade, wenn man die eigene Vernunft höher stellt, als die vom Heiligen Geist inspirierte Heilige Schrift.

Da durch die Säuglingstaufe bzw. -besprengung die irrige Annahme der damit verbundenen Gotteskindschaft vertreten wird, und dadurch den Leuten eine falsche Sicherheit vermittelt wird, können wir sehr wohl sagen, dass es dem Satan dadurch gelungen ist, Millionen von Menschen die Wahrheit der persönlichen Bekehrung zu Christus zu vernebeln.

Positiv zu erwähnen ist, dass fast zeitgleich zur Reformationszeit die biblische Glaubenstaufe in besonderer Weise in der Täuferbewegung (Wiedertäufer) wieder aufflammte; Tausende mussten dies allerdings mit ihrem Leben bezahlen.

Obwohl auch Luther anfänglich nicht für die Kindertaufe plädierte und dass man „solch Gaukelwerk nimmermehr tun solle“, so änderte auch er schon ziemlich schnell seine Meinung und verfolgte dann blutig, mithilfe der protestantischen Landesfürsten und Reichsstädte (wohl auch aus Angst vor sogenannter Ketzerei innerhalb seiner Kirche und auch, um keine andere Lehre, als die seine, zuzulassen), die damaligen, von ihren Feinden so genannten ‚Anabaptisten‘ (Wiedertäufer) (siehe hierzu im Anhang das Buch „Martin Luther 2.0“).

Der Name ‚Wiedertäufer‘ ist natürlich nicht richtig, da die Kinderbesprengung nicht als eine Taufe gewertet werden kann, auch wenn die Kirche diese Art von Taufe als eine ihrer obersten Verantwortungen und Dogmen sieht.

Nachfolgend vier Katechismus-Auszüge von Luthers Lehren, anhand derer wir sehen, wie sehr sogar Luther diesem mystischen Sakramentalismus verfallen war. Alle Fragen und Antworten im ‚Evangelischen Katechismus‘ nachzulesen: [38]

Warum nennst du die Taufe das Wasser mit Gottes Wort verbunden?

Weil der Name des Vaters und des Sohnes und des Heiligen Geistes mit und bei dem Wasser ist, darum auch der dreieinige Gott, in der Taufe gegenwärtig, mit uns in Bund und Gemeinschaft tritt.

Warum bist du gleich in deiner ersten Kindheit getauft?

Weil mir um meiner sündlichen Geburt willen die Wiedergeburt aus Wasser und Geist hochnötig war, auch das Gebot Christi niemand ausnimmt, sondern alle, die in das Reich Gottes nach seiner Ordnung eingehen wollen, getauft werden müssen, das Reich Gottes aber namentlich auch den Kindern verheißen ist.

Was gibt oder nützt die Taufe?

Sie wirkt Vergebung der Sünden, erlöset vom Tod und Teufel und gibt die ewige Seligkeit allen, die es glauben, wie die Worte und Verheißung Gottes lauten.

Warum ist die Taufe ein Bad der neuen Geburt im Heiligen Geist?

Weil wir in Kraft und Wirkung des Heiligen Geistes durch die Taufe wiedergeboren und erneuert werden zu Kindern Gottes und Erben des ewigen Lebens.

Es ist eine Tragik, wie wir anhand der Ausführungen im Katechismus sehen können, wie sehr die etablierten Kirchen an dieser Kindertaufe festhalten. Wenn es heißt: ***„Lasset die Kindlein zu mir kommen und wehret ihnen nicht; denn solcher ist das Himmelreich. Und Er herzte sie und legte***

die Hände auf sie und segnete sie. " (Markus 10,14+16), so können wir doch nicht aus dieser Aussage Jesu eine Kindertaufe damit begründen wollen, wie Luther es tat (siehe Antwort zur Frage: Warum bist du gleich in deiner ersten Kindheit getauft?).

Jesus hat diese Kinder nicht taufen lassen (seine Jünger tauften allerdings sehr wohl Erwachsene), noch sagt er, dass sie ungetauft zur Hölle fahren würden.

Im Gegenteil, er sagt ***„... solcher ist das Himmelreich"*** (ungetauft) und führt allerdings eine allgemeine Segnung mit Handauflegung durch (siehe Kapitel ‚Handauflegung').

Es gibt zwei Verse, mit Hilfe derer man versucht, die Kindertaufe bei den ersten Christen nachzuweisen:

Petrus im Hause des römischen Hauptmanns Kornelius: ***„Und befahl, sie zu taufen in dem Namen des Herrn."*** Apostelgeschichte 10,47-48

Paulus an die Korinther: ***„Ich habe aber auch getauft des Stephanas Haus."*** 1. Korinther 1,16

Man argumentiert, dass in einem Haus bzw. Haushalt sicherlich auch Kinder dabei gewesen sein mögen. Und aus dieser hypothetischen Annahme heraus, meint man, auch alle Skeptiker der Kindertaufe, damit überzeugt zu haben. Denn für all diejenigen, die soundso nur den Traditionen der Kirche folgen, bräuchte man eh keine biblischen Beweise.

Aber schauen wir genau hin. Im Hause des Hauptmann Kornelius heißt es, dass der Apostel Petrus genau diejenigen taufen will, die zuvor seiner Predigt zuhörten, die dann den Heiligen Geist empfingen, in anderen Zungen (II) redeten und Gott hoch priesen. Die Apostel wussten genau, wer ganz bewusst das Evangelium von Jesus Christus annahm und diese wurden getauft.

Hier der Auszug aus diesen Bibelversen aus der Apostelgeschichte 10,44-48: ***„Da Petrus noch diese Worte redete, fiel der Heilige Geist auf alle, die dem Wort zuhörten. Und die Gläubigen aus den Juden, die mit Petrus gekommen waren, entsetzten sich, dass auch auf die Heiden die Gabe des Heiligen Geistes ausgegossen ward; denn sie hörten, dass sie in Zungen redeten und Gott hoch priesen.***

Da antwortete Petrus: Mag auch jemand dem Wasser wehren, dass diese nicht getauft werden, die den Heiligen Geist empfangen haben, gleichwie auch wir? Und befahl sie zu taufen in dem Namen Jesu Christi.“

Es geht aus dem Textzusammenhang also klar hervor, dass hier nicht Babys oder Kleinkinder gemeint waren. Es wurden diejenigen getauft, die im Hause des Hauptmann Kornelius „dem Worte zuhörten“ und die mit dem Heiligen Geist getauft wurden.

Genauso verhält es sich mit der oft erwähnten anderen Bibelstelle. Als Paulus schrieb: ***„Ich habe aber auch getauft des Stephanas Haus.“*** (1. Korintherbrief 1,16)

(II) In anderen Zungen reden: Damit ist die Gebetssprache gemeint, die vielen Christen bei der Erfüllung mit dem Heiligen Geist geschenkt wird.

Auch hier wird gesagt, dass zu diesem Haus doch bestimmt auch Babys oder kleine Kinder gehörten. Aber genau auf diese Leute bezieht sich Paulus am Ende desselben Briefes, indem er sich nochmals auf dieses Haus bezieht: ***„Ihr kennet das Haus des Stephanas, dass sie sind die Erstlinge*** [III] ***in Achaja und haben sich selbst bereitgestellt den Heiligen zum Dienst.“*** (1. Korinther 16,15) Auch hier geht wieder klar hervor, dass diese getauften Christen zum Einen bekannt waren und zum Anderen waren sie bereitwillig, anderen Christen zu dienen. Somit hinkt dieser Vergleich gewaltig, wenn man damit die Babybesprengung begründen und verteidigen möchte.

Manche nehmen auch die Beschneidung der männlichen Kinder im Volke Israel, am achten Tag nach der Geburt, als Vergleich, um die Kindertaufe zu rechtfertigen. Es muss alles herhalten, egal wie weit hergeholt es ist. Im Alten Bund hatte Gott zwar ein äußeres Reinheitsritual beim Volk Israel festgelegt um ein Zeichen zu setzen und eine stets begleitende Erinnerung zu geben, dass sie abgesondert sein sollten von dem gottlosen Treiben der anderen Völker, und dass sie ein gottgeweihtes Volk darstellen sollten, allerdings hatte dieses Ritual keine Verbindung mit dem Vergeben von Sünde und Schuld oder gar mit der Erlösung. Es ist kein Symbol für die Taufe und wird von daher in der Bibel auch nirgends in Verbindung mit ihr gebracht.

(III) Erstlinge: Damit bezeichnet der Apostel Paulus diejenigen Menschen, die in einer Stadt oder einer Region die ersten waren, die zum Glauben an Jesus Christus fanden.

Die neutestamentliche Taufe allerdings ist sehr wohl ein äußeres Zeichen dafür, dass der zu Taufende mit Christus gestorben ist, also sein altes gottloses und sündiges Leben begraben hat (symbolisch durch das ‚Untertauchen') und nun in einem neuen Leben mit und für Christus leben möchte (symbolisch durch das wieder ‚Auftauchen'). Das alles macht nur Sinn, wenn sich ein Mensch bewusst dafür entscheidet und dieses auch versteht, dies ist doch bei einem Kleinkind oder gar einem Neugeborenen gar nicht gegeben.

Aber wie schon erwähnt, gab es zu allen Zeiten Menschen, die dem biblischen Verständnis der Taufe treu blieben.

So leugnete man schon früher in einigen wenigen Kreisen der Reformierten Kirche, besonders aber bei den sogenannten Wiedertäufern, dass die Taufe ein Siegel der göttlichen Gnade war und man betrachtete sie dagegen als puren Akt des Bekenntnisses, die der Mensch selbst zu vollziehen hat. Und so muss man es auch sehen.

Erst im 18. und 19. Jahrhundert ist dann größere Freiheit in diesen Fragen in etlichen Ländern eingekehrt, sodass seither Millionen von wiedergeborenen Christen diesen biblischen Schritt der Glaubenstaufe getan haben.

Es war in den dreißiger Jahren des 19. Jahrhunderts, dass Walter Scott, hingegebener Evangelist in Amerika, in der Bibel entdeckte, dass im Neuen Testament diejenigen, die da glaubten, auch getauft wurden. Er beschrieb demzufolge ‚Bekehrung' als: [(39)]

1. Glaube
2. Buße
3. Taufe
4. Vergebung der Sünden
5. Empfang des Heiligen Geistes

Auch wenn Walter Scott in diesem Punkt die Taufe immer noch fehlinterpretierte, indem er sie als erforderlichen Bestandteil der Bekehrung einstufte (die laut ihm der Vergebung der Sünden sogar vorausgehen musste), so half er doch wenigstes entscheidend mit, den Praktiken der Kindertaufe Einhalt zu gebieten.

Einige Stimmen aus der evangelischen Kirche heutzutage, die zur Tauffrage Stellung nehmen:

> „In die Kirche Christi wird ein Mensch hineingetauft, indem er in das Mysterium des Leibes Christi, das göttliche Geheimnis, ‚getaucht' wird." (40)

> „Die Taufe ist nicht wiederholbar. Wer sie wiederholt – einige Bekenntnisgruppen in unserer Zeit wagen die Taufe zu wiederholen –, missachtet den Anfang Gottes mit uns, der, ohne unser Zutun und ohne unsere Leistungen, uns vorausgeht. Zu behaupten, die Säuglingstaufe sei keine richtige Taufe gewesen, die zweite Taufe sei infolgedessen keine Wiederholung, ist ebenfalls ein Vorbeidrücken an dem Hinweis auf Gottes gnädige Überlegenheit und zuvorkommende Gnade." (41)

> Über die Taufe hat die Leuenburger Konkordie reformatorischer Kirchen zusammenfassend erklärt: In ihr nimmt Jesus Christus dem der Sünde und dem Sterben verfallenden Menschen unwiderruflich in Seine Heilsgemeinschaft auf, damit ‚er eine neue Kreatur sei'. (42)

Anhand dieser drei Aussagen sehen wir, dass es hier an fundamentalem biblischem Verständnis in der evangelischen Kirche noch sehr mangelt (natürlich ebenso in der katholischen). Es wird einfach versucht, eine jahrhundertelange menschengemachte Tradition der Kirche irgendwie zu rechtfertigen.

Damit das Wasser für die Besprengung der Kinder auch recht gesegnet ist, heißt es in der katholischen Glaubenslehre sogar: „Da das heilbringende Taufwasser dem Menschen das göttliche Leben schenkt, ist es wohl selbstverständlich, dass die Kirche es seit alters her in besonders feierlicher Form gesegnet hat. Dies geschieht in der Osternacht. Vor dem Vigilgottesdienst findet die Taufwasserweihe mit uralten Gebeten und Riten statt." (43)

Wir wollen aber nicht verschweigen, dass aus den Reihen der Kirchen und Theologen, mitunter auch noch biblische ‚Stimmen' (leider nicht ‚Taten') zu vernehmen sind. So schreibt z.B. der Theologe Prof. Dr. Böhmer zum Thema Kindertaufe: „Von der Kindertaufe weiß das echte Evangelium, wie es von Christo und seinen unmittelbaren Jüngern verkündigt worden ist, nichts. Wir können dem Evangelium nicht eine Einrichtung der Kirche aufdrücken, die durch das Evangelium nicht empfohlen wird."

Wir fassen zusammen: „Du wirst durch die Taufe kein Christ. Wenn in dir persönlich nichts geschehen ist, wird sich auch durch die Taufe nichts in deinem Leben ändern. Das Wasser hat keine magische Wirkung und bewirkt auch nichts aus sich selbst heraus. Es ist weder heilig noch geweiht. Es kommt auf deine persönliche Stellung zu Jesus und deinen Glauben an. Die Taufe ist also keine Ausweiskarte, um in den Himmel zu kommen.“ (44)

In der Taufe begraben wir symbolhaft den alten Menschen und ziehen öffentlich unter unser altes Leben einen Schlussstrich und stellen uns unter Zeugen auf die Seite Jesu, und gehören dann offiziell zu seiner Gemeinde (siehe Apostelgeschichte 2,41).

Wenn wir uns bekehrt, unsere Sünden bekannt und die Wiedergeburt erfahren haben, ist die Taufe die äußere symbolische Handlung hierfür. Das Tauferlebnis selbst (... und es ist wirklich ein großartiges Erlebnis) und die dabei gewesenen Zeugen sollten uns auch immer wieder daran erinnern, in dem neuen Leben zu wandeln, falls wir einmal in Gefahr stehen sollten, den ‚alten Menschen‘ (fleischliches sündiges Leben) wieder anzuziehen, oder gar in große Glaubenszweifel geraten sollten.

Zu der in der Praxis oft vorkommenden Frage, ob wiedergeborene Gläubige, die (noch) nicht die Glaubenstaufe für sich als wichtig erkennen, dennoch offiziell zur Gemeinde Jesu gezählt werden können, sei gesagt: Wir können mit all diesen Gläubigen gerne Gemeinschaft im Gebet, im Bibellesen und -studieren, im sozialen und persönlichen Bereich und in der gemeinsamen Arbeit am Reiche Gottes haben.

Aber eine Verwässerung in der Lehre der Taufe, ein Bagatellisieren von Wahrheiten, eine Vermischung gesunder und ungesunder Lehre, darf dabei nicht passieren. Ebenso dürfen solche Personen nicht in solche verantwortlichen Positionen innerhalb des Reiches Gottes gebracht werden, in denen sie dann entscheidenden Einfluss in *solchen* Lehrfragen auf andere ausüben könnten.

Zum Abschluss wollen wir hervorheben, dass die Verantwortung der Taufe beim Evangeliumsverkündiger bzw. Pastor, aber auch bei dem Gläubigen selbst liegt.

„Gehet hin und machet zu Jüngern alle Völker: taufet sie auf den Namen des Vaters und des Sohnes und des Heiligen Geistes.“ (Matthäus 28,19) Hier ergeht der Befehl und damit die Verantwortung zu taufen an den, der das Evangelium predigt.

„Wer da glaubt und getauft wird, der wird selig werden.“ (Markus 16,16) Hier geht die Verantwortung für die Taufe an den, der die Botschaft des Evangeliums annimmt.

Daher lasst uns alle unsere gemeinsame Verantwortung sehen und praktizieren, was der Herr uns verordnet hat.

Denn Jesus selbst ging uns allen voran und ließ sich taufen, ***„… um alle Gerechtigkeit zu erfüllen.“*** (Matthäus 3,15)

Und so wichtig dieses Thema auch ist, so geht es bei Gott, unserem himmlischen Vater, in allererster Linie um eine persönliche Beziehung, die wir mit ihm, seinem Sohn Jesus Christus und dem Heiligen Geist haben sollen. Und wenn einige unter den Lesern dabei sind, die noch nicht Jesus als ihren persönlichen Erretter und Heiland angenommen haben, so möchte ich ermutigen, diesen Schritt zu gehen. Es wird dein Leben verändern, es wird ihm Sinn und Ziel geben und du darfst erleben, wie die Last der Sünde von deinem Herzen weicht. Sprich heute noch zu Jesus und er wird dich hören:

> *„Lieber Herr Jesus, ich komme zu dir, weil ich dir sagen möchte, dass mein Leben dir allein gehören soll. Du sollst der Herr in meinem Leben sein. Ich glaube, dass du auch für meine Sünden am Kreuz von Golgatha gestorben bist und ich bitte dich, vergib sie mir. Besonders möchte ich dir bekennen, dass ich folgende Sünden gedacht oder getan habe: …* (gut, wenn du deine Sünden namentlich nennst, soweit wie sie dir einfallen). *Schenke mir deinen Frieden in mein Herz hinein. Bitte führe du mich durchs Leben und zeige mir, was du für mich geplant hast. Lass mich dein Wort, die Bibel, gut verstehen und führe mich auch zusammen mit Menschen, die ebenso dir nachfolgen. Dir will ich von Herzen ‚Danke' sagen. Amen!"*

Wenn du so oder so ähnlich von Herzen betest und dich somit zu Jesus Christus bekehrst, so wird Gott dir die Wiedergeburt und damit seinen Heiligen Geist schenken. Gott will aus dir einen neuen Menschen machen, du sollst Friede in deinem Herzen verspüren, sollst dich getragen wissen durch die Liebe Jesu und eine neue Ausrichtung deines Lebens bekommen. Hoffnung auf eine wunderbare Zukunft soll dich begleiten. Wenn du weitere Fragen hast, kannst du gerne schreiben, siehe Kontaktdaten am Ende des Buches.

Die Fusswaschung

„Jesus stand vom Mahle auf, legte seine Kleider ab, nahm einen Schurz und umgürtete sich; darauf goss Er Wasser in das Becken und fing an, den Jüngern die Füße zu waschen und sie mit dem Schurz zu trocknen, mit dem er umgürtet war.

Da kommt er zu Simon Petrus, und dieser spricht zu ihm: Herr, solltest Du mir die Füße waschen? Jesus antwortete und sprach zu ihm: Was ich tue, weißt du jetzt nicht, du wirst es aber hernach erfahren. Petrus spricht zu ihm: Nimmermehr sollst Du mir die Füße waschen!

Jesus antwortete ihm: Werde ich dich nicht waschen, so hast du keinen Teil an mir. Simon Petrus spricht zu Ihm: Herr, nicht meine Füße nur, sondern auch die Hände und das Haupt! Jesus spricht zu ihm: Wer gebadet ist, hat nicht nötig, gewaschen zu werden, ausgenommen die Füße, sondern er ist ganz rein.

Und ihr seid rein, aber nicht alle. Denn Er kannte Seinen Verräter; darum sagte er: Ihr seid nicht alle rein.

Nachdem er nun Ihre Füße gewaschen und seine Kleider angezogen hatte, setzte er sich wieder zu Tische und sprach zu ihnen: Versteht ihr, was ich euch getan habe? Ihr heißet mich Meister und Herr und saget es mit Recht; denn ich bin es auch.

Wenn nun ich, der Herr und Meister, euch die Füße gewaschen habe, so sollt auch ihr einander die Füße waschen.

Denn ein Beispiel habe ich euch gegeben, damit auch ihr tut, wie ich euch getan habe. “ (Johannes 13,4-15)

Da Jesus seine Jünger auffordert in derselben Weise einander die Füße zu waschen, wie er es getan hat, wird dies von Einigen als Anordnung betrachtet, die jeder Nachfolger Jesu auch buchstäblich ausüben sollte; entsprechend den Worten: ***„Ein Beispiel habe ich euch gegeben, dass ihr tut, wie ich euch getan habe.*** “ (Johannes 13,15)

Die Apostel aber haben diesen Worten Jesu keine derart zu verstehende wortwörtliche Bedeutung beigelegt. Als sie später Gemeinden gründeten, so verordneten sie diesen diese Fußwaschung nicht. Es gibt auch keinen einzigen Bericht, dass diese Praktik in den ersten Jahrhunderten von den Christen ausgeübt wurde.

Dake‘s Bibelkommentar gibt hier das 4. Jahrhundert an, bis zu welchem die Fußwaschung nirgends Gemeindebrauch war. (45)

Im N.T. kommt das buchstäbliche Füßewaschen bei Jesus und seinen Jüngern vor (Johannes 13,4-15), welches wir soeben gelesen haben. Des Weiteren als Erkennungsmerkmal einer rechten Witwe, die ***„… den Heiligen die Füße gewaschen hat.*** “ (1. Timotheus 5,10) Dieses wurde von den Witwen zu Hause ausgeübt (im Textzusammenhang mit der beschriebenen Gastfreundschaft), aber nicht offiziell in der Gemeinde.

Damals war es Sitte, beim Betreten eines Hauses, die bestaubten Füße, der meist Sandalen tragenden Gäste, zu waschen.

Wir sehen also, dass die äußerliche Fußwaschung, als offizielle Verordnung für die Gesamtgemeinde, für den Gottesdienstgebrauch auszuschließen ist. Dies gesagt, heißt das jedoch nicht, dass die buchstäbliche Fußwaschung in einer Gemeinde nicht ausgeführt werden darf. Erfahrungen zeigen, dass es die Gläubigen oft viel näher gebracht hat, wenn dieser Demutsdienst einmal wortwörtlich ausgeübt wird. Wir wollen jedoch aufzeigen, dass die eigentliche Bedeutung viel tiefer liegt.

Wenn Jesus sagt: ***„Ein Beispiel (oder Vorbild) habe ich euch gegeben …“*** (Johannes 13,15), so steht hier im griechischen Text für ‚Beispiel' (oder Vorbild) das Wort ‚hupodeigma', welches sinngemäß dasselbe bedeutet wie ‚eines Malers Modell' oder auch ‚eines Architekten Plan'. [(46)]

Das heißt, dass wir nach diesem Modell verfahren sollten. Wir müssen bereit sein, den niedrigsten Dienst für einander zu tun und das Kleinste an Ehre für uns selber zu suchen. Die Handlung der Fußwaschung ist uns zur Inspiration für selbstverleugnende Dienste der Barmherzigkeit gegeben.

Die Fußwaschung Jesu war auch die Antwort auf den kurz darauf entfachten Zank der Jünger, ***„… welcher wohl der Größte unter ihnen wäre.“*** (Lukas 22,24-27). Jesus verrichtete den Dienst eines Sklaven und zeigt uns damit, dass er nicht gekommen ist, um zu herrschen, sondern um zu dienen.

Jesus möchte, dass wir erkennen, was er uns getan hat (Johannes 13,12), damit wir es dann auch tun (Johannes 13,17).

„Er für uns – und so wir einander, füreinander. So deutet die Fußwaschung auf das Abendmahl, deutet aber auch vom Abendmahlssaal hinaus in die Welt. Die miteinander das Mahl Jesu feiern, wie können sie übereinander herrschen, einander unterdrücken? Die Fußwaschung zeigt uns, wie eng Abendmahl und soziale Frage zusammengehören.“ (47)

Erwähnt sei aber, dass die Fußwaschung auch eine Bedeutung anderer Art uns lehrt. Wir wollen dazu nochmals den Text betrachten, in dem Jesus spricht: ***„Werde ich dich nicht waschen, so hast du kein Teil an mir.“*** und ***„Wer gewaschen ist, der bedarf nichts als noch die Füße waschen; denn er ist ganz rein.“*** (Johannes 13,8+10)

Da wir hier im verfluchten Staub einer gottlosen Welt leben, stehen wir ständig in Gefahr, uns die Füße zu beschmutzen. Darum müssen wir uns immer wieder reinigen lassen von dauernden Befleckungen. Doch wird dadurch unser grundsätzliches Reinsein und unsere Erlösung in Christus nicht angetastet. Gleichwie der Priester, der zum heiligen Dienst ins Innere der Stiftshütte eintrat und zuerst am ehernen Waschbecken Hände und Füße reinigen musste (2. Mose / Exodus 40,32), so dürfen und müssen auch wir uns täglich von allem Ungöttlichen reinigen, um ***„… ein heiliges, dem Hausherrn nützliches Gefäß darzustellen.“*** (2. Timotheus 2,21)

Obwohl jeder Jünger Jesu einmal grundlegende Vergebung und Erlösung erfahren hat, so dürfen und müssen wir doch immer wieder die tägliche Vergebung in Anspruch nehmen. Dadurch wollen wir keinem unheiligen Lebenswandel die Stange halten nach dem Motto ‚Sündige und lass dir wieder vergeben', denn „*... **alles was zum göttlichen Wandel dient, hat uns Seine göttliche Kraft geschenkt ...***" (2. Petrus 1,3), aber der freie Zugang zum Thron der Gnade führt doch immer wieder am Kreuz vorbei, d.h. die kritische Selbstprüfung und die sich daraus ergebende Bitte der erneuten Reinigung durch Jesu Blut ist wesenhaft in der Fußwaschung Jesu enthalten und steht zugleich beispielhaft für die Vergebung, die auch wir einander immer wieder darreichen sollen (Matthäus 18,22).

Nachwort

Es ist nicht die Gemeinde Jesu, die die Ungläubigen und Gottfernen zum Abendmahl lädt und die ihr Wachstum durch das System der Kindertaufe, und der damit verbundenen Mitgliedschaft, hervorgebracht hat.

Das biblische Verständnis für die Anordnungen Jesu ist leider in vielen Kirchen und Gemeinschaften oft nicht vorzufinden. Um in den vollen Segen Christi zu kommen, sollte jeder nach der ihm klargewordenen Erkenntnis handeln können. Da dies nur in biblisch orientierten Gemeinden mit einer geisterfüllten Leiterschaft möglich ist, sollte jeder Leser vor Gott prüfen, welche geistliche Heimat, sprich Gemeinde, für ihn in Frage kommt.

Ein guter Bekannter von mir, ein wiedergeborener lutherischer Pfarrer im Raum Ludwigslust, nähe Schwerin, hatte zur DDR-Zeit eine erweckliche Jugendarbeit innerhalb der evangelischen Landeskirche. Als er anfing, Erwachsene biblisch zu taufen, obwohl sie schon kirchlich als Baby ‚besprengt' waren, und sogar sich selbst taufen ließ, kam innerhalb von vier Wochen Besuch von einem Jurist aus der Landessynode mit der Aufforderung, dies zu widerrufen, ansonsten erfolge der Ausschluss aus der evangelischen Landeskirche. Da er nicht widerrief, erfolgte ungefähr innerhalb zwei weiterer Wochen der Ausschluss. Er fing eine gesegnete freikirchliche Gemeinde im Nachbardorf an. So geschehen gegen Ende der 80er Jahre.

Wer als evangelischer Pfarrer homosexuelle Paare traut oder gar selbst homosexuell ist, wer die feministische Theologie verkündet (à la ‚Gott ist Frau'), wer die göttliche Inspiration der Bibel leugnet, wer die Wunder Jesu als nicht authentisch abtut, ja selbst wer die leibhaftige Auferstehung Jesu als ‚nicht wörtlich zu nehmen' verkündigt, kann gerne als Pfarrer in der evangelischen Kirche weiterdienen, aber wehe, er führt die biblische Glaubenstaufe an einem gläubigen Menschen durch, der bereits als Baby getauft wurde. Dann kann er buchstäblich ‚seinen Koffer packen'. Die Kirchenoberen wissen schon, was ihnen gefährlich werden könnte und was nicht. Sollte die Kinderbesprengung und die damit automatisch verbundene Kirchenzugehörigkeit aufgegeben werden, würde innerhalb einer oder zweier Generationen die Kirchenmitglieder und dadurch die damit verbundene Kirchensteuer, auf ein Minimum sinken, so dass der ganze Kirchenapparat nicht mehr aufrecht erhalten werden könnte. Denn die Anzahl der Erwachsenen, die in die Kirche eintreten würden, wäre wohl ein Bruchteil derer, die heute als Mitglieder verzeichnet sind. Die katholische Kirche in Deutschland zählt 23 Millionen und die evangelische Kirche knapp 22 Millionen Mitglieder (Stand 2017).

Wer aber nach göttlichen, urgemeindlichen Prinzipien vorgeht, wird auf Gottes wahren Segen nicht lange warten müssen. Denn der Heilige Geist bekräftigt das praktizierte Wort Gottes durch Sein Wirken. Jeder, der im Gehorsam zum Worte Gottes im Glauben handelt, bewegt sich im Willen Gottes und wird von ihm gebraucht werden.

Dass man unbiblisches Verständnis beiseitelegt, dass man Gehorsamsschritte begeht und dann herrliche Glaubenserfahrungen macht, das soll das Ziel dieses Büchleins sein, welches ich jedem aufrichtigen Leser wünsche. Vielleicht muss man auch dazu die Kirche, die christliche Gemeinde, wechseln, sollte die Kirchenleitung auf menschlichen und kirchlichen Traditionen beharren, aber zuerst sollte man immer versuchen einzuwirken, soweit dies möglich ist.

Lassen Sie mich noch abschließend für Sie beten (ansonsten überspringen Sie einfach die nächste Seite):

> *„Lieber Herr Jesus, mögest du denjenigen, der dieses nun liest, segnen. Er (Sie) soll dein Kind werden, falls er sich noch nicht zu dir bekehrt hat und darf wunderbare Erfahrungen mit dir machen. Du willst alle seine Sünden vergeben und willst ihm deinen Frieden schenken. Er soll auf seinen Wegen und Entscheidungen deine innere Stimme vernehmen. Hilf ihm, ein Leben zu führen, welches dir angenehm ist. Hilf ihm, deine Anordnungen zu befolgen und lass ihn dein Glück und deine Freude verspüren. Schenke ihm deinen Heiligen Geist. Danke, dass du versprochen hast, ihm immer treu zu sein, an seiner Seite zu gehen, auch wenn er einmal untreu sein sollte. Du hilfst ihm immer wieder aufzustehen und den Weg mit dir weiterzugehen, wenn er dich als Herrn im Leben anerkennt. Du nimmst seine Ängste und gibst eine neue Hoffnung in sein Leben. Wenn Schmerzen und Krankheiten da sind, so danke ich dir, dass du alles Leid auf dich genommen hast am Kreuz von Golgatha und diese Person jetzt*

davon frei sein darf in deinem Namen. Du bist der große Arzt, bitte heile du ihn. Sollten alte Belastungen irgendwelcher Art ihn quälen, so danke ich dir für die Befreiung. Bitte segne ihn (sie) gerade jetzt und lass in den nächsten Wochen eine spürbare Veränderung in sein Leben kommen. Du willst es tun und dafür danke ich dir, Herr Jesus. Amen!“

Sollten Sie dieses Gebet für sich selbst in Anspruch nehmen wollen oder mitgebetet haben, so sagen sie einfach ein lautes oder leises ‚Amen!‘ dazu. Amen bedeutet so viel wie „So sei es!“ Jesus wird ihr ‚Amen!‘ hören.

Ich wünsche Ihnen, dass Jesus Sie durch seinen Heiligen Geist und durch die Heilige Schrift leitet und Sie ein froher und erlöster Mensch werden (falls Sie es noch nicht waren) und lassen Sie sich durch kirchliche Traditionen nun nicht mehr bevormunden.

Der Herr Jesus segne Sie!

Fragen hierzu sind willkommen, die gerne an die Kontaktadresse mitgeteilt werden können. Die E-Mail-Adresse kann ebenso für Buchbestellungen und Anfragen für Vorträge oder Predigten verwendet werden.

E-Mail-Adresse: **euh.maranatha@gmx.net**

(Stichwort: Die fünf Verordnungen Gottes)

Liste weiterer Bücher des Autors

Martin Luther 2.0 – Seine Errungenschaften – Seine Fehleinschätzungen

Hier wird auf die Errungenschaft von Martin Luther eingegangen (Sola Scriptura, Sola Gratia, Sola Fide, Solus Christus, Priestertum aller Gläubigen etc.), aber genauso wird unverblümt seine verkehrte Haltung gegenüber Juden, den Wiedertäufern, anderen Reformatoren, behinderten Kindern etc. angesprochen.
Frage: Was müsste heute an die Türen der Kirchen angeschlagen werden?
Ziel: Einen neuen Weckruf an das Reformationsland Deutschland
Zielgruppe: Alle

Die Feste Israels in ihrer prophetischen Bedeutung

Die Feste Israels (die Feste des Herrn) sind nicht nur Anlässe sich zu freuen und miteinander zu feiern. Sie bergen zudem auch tiefe geistliche Werte in sich. Große Ereignisse im Neuen Testament fielen genau auf den Zeitpunkt mancher Feste, denken wir an die Kreuzigung Jesu am Passahfest, denken wir an die Ausgießung des Heiligen Geistes am Pfingstfest. Wir wollen die Feste Israels ansehen, ob sie prophetisch für die bevorstehende Zeit uns Dinge lehren können. Ebenso wollen wir auch alle anderen nationalen Feste, Feier- und Gedenktage Israels betrachten und sehen, ob auch sie eine Bedeutung für die Zukunft haben können.
Zielgruppe: Christen und Juden

Reformation 2.0

Dieses Buch möchte aufzeigen, dass die Reformation im 16. Jahrhundert ein ganz entscheidender Anfang, aber nicht vollständig war, in etlichen Bereichen sogar völlig verkehrte Ansätze hatte. Zumal haben sich in Kirche und dem Leben von Gläubigen im Laufe eines halben Jahrtausends wieder Traditionen und Lehrmeinungen eingeschlichen, die es notwendig machen, dass wir wiederum eine neue Reformation bedürfen. Diese Reformation soll aber nicht nur in einem theoretischen Umdenken geschehen, sondern soll in der Umsetzung ein neues geistliches Erwachen hervorrufen.
Zielgruppe: Alle kirchlich Interessierten

Der fünffältige Dienst und Ämter der Frauen

Der Schwerpunkt liegt in diesem Buch auf dem Zusammenarbeiten der fünf großen Ämter der Gemeinde Jesu, nämlich des Apostels, des Propheten, des Evangelisten, des Pastors und des Lehrers. Jeder hat ganz unterschiedliche Berufungen und Ziele im Leben. Oft gibt es zwischen diesen Menschen große Unstimmigkeiten und doch sollen sie im gleichen Reich Gottes arbeiten und es voranbringen. Die Sachlage, der daraus in der Vergangenheit resultierenden Spannungen, wird ernst genommen und Lösungswege aufgezeigt. Ebenso wird, anhand der Schrift, die Stellung von Frauen in diesem fünffältigen Dienst beschrieben, gegen alle alten Klischees.
Zielgruppe: Bekennende Christen

Die fünf Verordnungen des Neuen Bundes

Hier werden Taufe, Abendmahl, Handauflegung, Ölsalbung und Fußwaschung biblisch untersucht. Ebenso werden ver-

kehrte sakramentale Auslegungen der Kirchen direkt angesprochen und die Entstehung aufgezeigt.
Zielgruppe: Protestanten, Katholiken, freikirchliche Christen

DIE UNFEHLBARKEIT DER BIBEL – STELLUNGNAHME GEGEN DIE HISTORISCH-KRITISCHE THEOLOGIE

Genau dieser Titel wird näher erläutert. Es wird aufgezeigt, dass die gesamte Heilige Schrift von Gott gegeben ist und keinerlei Widersprüche beinhaltet. Es wird Stellung bezogen gegen die historisch-kritische Theologie, die man schon ‚eine Religion' innerhalb der Protestantischen Kirche bezeichnen könnte.
Zielgruppe: Protestanten, Katholiken, freikirchliche Christen

366 IMPULSE – EIN ANDACHTSBUCH

Kurze geistliche Impulse für jeden Tag
Für jeden Tag wird ein Bibelvers praktisch kommentiert. Ebenso Angabe einer Bibellese für ‚ein Mal durch die Bibel' in einem Jahr.
Zielgruppe: Alle

DIE JUDEN UND DAS VOLK GOTTES

Der Werdegang der Juden, und Gottes Plan für sie für die Zukunft, werden anhand der Prophetien des Alten und Neuen Testamentes aufgezeigt, ebenso wird auf die unterschiedlichen Auffassungen eingegangen, wer das Volk Gottes ist. Die Einen sehen darin nur die Gemeinde Jesu Christi, also die weltweite Kirche, als ‚neues Israel', andere Christen vereinen Juden und Christen zum Volk Gottes. Wieder andere schauen sich die Aussagen der Propheten und von Jesus Christus näher an …
Zielgruppe: Juden und Interessierte am Volk der Juden und der Zukunft der Juden

Die Entrückung
Eine biblische Wahrheit, die noch vor Jahrzehnten in vielen evangelischen Freikirchen präsent war, gerät durch neue Tendenzen immer mehr in den Hintergrund oder wird sogar umdefiniert, und nur noch symbolhaft ausgelegt. Dabei vermittelt dieses Thema ‚Entrückung' Gläubigen Trost und Hoffnung, aber auch Ansporn, ständig bereit zu sein, und es vermittelt eine klare Sicht über die zukünftigen Dinge. Warum ist dieses Thema bei Verkündigern des Wortes Gottes, bei Pastoren, Predigern und Evangelisten, größtenteils in den Hintergrund geraten? Und wann wird sie stattfinden?
Zielgruppe: Gläubige Menschen

Die Apokalypse
Hier wird die Lehre von den zukünftigen Dingen (Eschatologie) im Detail betrachtet. Das Buch der Offenbarung des Johannes, das Buch Daniel, Hesekiel und Sacharja, die Endzeitaussagen von Jesus, aber auch der Apostel Paulus und Petrus, werden anhand der momentanen Geschehnisse ausgelegt und ein Abriss der möglichen zukünftigen Ereignisse wird gegeben. Offene Fragen, die sich wohl erst mit fortschreitender Zeit mehr und mehr offenbaren, werden angeschnitten und Möglichkeiten aufgezeigt.
Zielgruppe: Alle

Jesus Christus, König – Diener – Mensch – Gott
Hier wird davon berichtet, wie wunderbar der Heilige Geist in jedem Evangelium Jesus Christus von einer anderen Seite beleuchtet. Faszinierend zu sehen, wie sich die vier Evangelien wunderbar ergänzen, um letztlich Jesus in all seiner Königs-

herrschaft (siehe Matthäusevangelium) und seiner Dienerschaft (siehe Markusevangelium) darzustellen. Erklärt wird zudem, wie er der König aller Könige ist und auch aller Diener, und wie er wahrer Mensch (siehe Lukasevangelium), aber gleichzeitig auch wahrer Gott ist (siehe Johannesevangelium). Jede Sicht auf Jesus hat der Heilige Geist in jedem Evangelium spezifisch dargestellt. Die herrliche Inspiration der vier Evangelisten durch den Heiligen Geist leuchtet auf und ist unverkennbar.
Zielgruppe: Christen

Die zwölf Stämme Israels in ihrer prophetischen Endzeit-Bedeutung
Jeder einzelne der zwölf Stämme Israels hatte früher seine klare Bedeutung und seinen spezifischen Platz im Volke Gottes und wird sie in Zukunft wieder erlangen. Kann die Gemeinde Jesu, als die geistliche Nachkommenschaft Israels, daraus ebenso etwas lernen und für sich übertragen und welche Bedeutung kann dies in der Endzeit für jeden darstellen? Jeder Stamm hatte eine Charakteristik und diese wird in dieser ‚Endzeit' wieder neu hervorgehoben.
Zielgruppe: Bekennende Christen und Juden

Pendel links – Pendel rechts
Hier werden verschiedene biblische Wahrheiten untersucht, die von einigen ‚Fraktionen' im christlichen Lager entweder zu stark nach der einen Seite ausgelegt werden und als Erwiderung von anderen Christen, dann extrem nach der anderen Seite. Einige Beispiele: „Vorherbestimmung Gottes und der freie Wille des Menschen", „Krankheit erdulden versus jede Krankheit will Gott heilen", „Gerettet durch Glauben allein

versus Gerettet durch Glauben und Werke", „Gott will mündige Entscheider versus Warten bis Gott handelt". Jedoch: Die Mitte ist nicht immer der Königsweg.
Zielgruppe: Christen

Der Messias in den Büchern der Bibel
Wir wollen uns Textstellen ansehen, in denen der Messias bereits im Alten Testament angekündigt wird und wie sich die Vorhersagen im Neuen Testament erfüllen. Nicht immer sind diese Aussagen direkt, oftmals auch indirekt über symbolhafte Zeichen oder Handlungen. Jesus Christus, der der Mittelpunkt der gesamten Heiligen Schrift ist, leuchtet aber in den Büchern der Bibel überall hervor.
Zielgruppe: Bibelleser und Juden

Die Stiftshütte
Mose hat dieses ‚Zelt Gottes' nach einem Abbild gebaut, welches im Himmel steht und Gott ihm gezeigt hatte. Die Symbolik aller Einzelheiten der Stiftshütte ist so wunderbar und reicht hinein bis ins Neue Testament, ja bis zu unserem eigenen Leben. Mehr als nur Symbolik, sondern Gottes Reden bis hinein in unsere Zeit.
Zielgruppe: Bekennende Christen und Juden

55 Fragezeichen
55 Fragen zu schwierigen Bibelversen und der Versuch, eine Antwort zu finden. Beispiele: Wie alt ist die Erde? Woher nahm Kain, der erste Sohn Adams und Evas, seine Frau? Warum wurden die ersten Menschen Hunderte von Jahren alt? Wann starb Methusalem? Gab es eine weltweite Sintflut? Kamen drei

Heilige Könige in den Stall zu Jesu Geburt? Warum sagt Paulus: Die Frauen sollen schweigen in der Gemeinde? Wer ist in der Apokalypse das große Babylon, die Mutter aller Hurerei? Spricht die Bibel von einem 1000-jährigen Friedensreich?
Zielgruppe: Bibelleser

Dann vielleicht bis zu einem der nächsten Bücher – wenn Sie möchten … (einige sind noch in Erstellung)

Kontaktadresse für Anfragen für Vorträge und Predigten zu den oben genannten oder auch anderen Themen und auch für Buchbestellungen:
euh.maranatha@gmx.net (Stichwort: Fünffältiger Dienst)

Quellennachweis

(1) L. Berkhof, The History of Christian Doctrines, Grand Rapids, Michigan, 1983 (S. 242).

(2) N. M. Fraser, Das Mahl des Herrn, Dillenburg, 1979 (S. 11).

(3) siehe (1), (S. 242).

(4) H. Ch. Lea, Die Inquisition, Nördlingen, 1985 (S. 64).

(5) siehe (1), (S. 243).

(6) Katechismus für die Ev. Landeskirche in Baden, Lahr, 1968 (Antwort zur Frage 57).

(7) E. H. Broadbent, The Pilgrim Church, Southampton, Great Britain, 1985 (S. 26).

(8) siehe (1), (S. 242).

(9) siehe (1), (S. 244).

(10) siehe (1), (S. 243).

(11) Biblische Theologie für Nichttheologen (S. 254).

(12) Kleines Begriffslexikon, Konstanz, 1987 (S. 129).

(13) D. Prince, Foundation Series ‚Volume Three', Chichester, Great Britain, 1986 (S. 18-19).

(14) siehe (20), (S. 661).

(15) siehe (34), (S. 123).

(16) W. E. Vine, Expository Dictionary of New Testament Words, Mc. Lean, Virginia (siehe ‚aleipho').

(17) siehe (1), (S. 245).

(18) siehe (13), (S. 16).

(19) M. Henry, A Topical Index to Matthew Henry's ‚A Commentary on the Whole Bible', Welwyn, Hertfordshire, Great Britain, 1982 (S. 165).

(20) Dr. H. H. Halley, Halley's Bible Handbook, Grand Rapids, Michigan, 1986 (S. 448).

(21) siehe (1), (S. 252).

(22) O. Markmann, Irrtümer der katholischen Kirche, Berlin, 1976 (S. 93).

(23) Katholischer Katechismus der Bistümer Deutschlands, Leipzig, 1956 (S. 148-149).

(24) siehe (11), (E. Schweizer, S. 265).

(25) siehe (7), (S. 118).

(26) siehe (38), (‚Das Abendmahl').

(27) siehe (38), (‚Christliche Fragestücke').

(28) siehe (1), (S. 256).

(29) siehe (11), (S. 264).

(30) Gemeinsame röm.-kath. / ev.-luth. Kommission, Das Herrenmahl, Frankfurt / Paderborn, 1979 (S. 39 f).

(31) H.-R. Müller-Schwefe, Das Wort zum Abendmahl, Göttingen, 1980 (M. Seitz, S. 67).

(32) siehe (31), (K. D. Nörenberg, S. 23).

(33) siehe (31), (S. 20).

(34) K. S. Wuest, Wuest's Word Studies – Treasures from the Greek New Testament, Grand Rapids, Michigan, 1976 (S. 86).

(35) Dane & Mantey, Manual Grammar of the Greek New Testament (siehe ‚eis').

(36) siehe (34), (S. 77-78).

(37) siehe (1), (S. 248).

(38) Dr. M. Luther, Dr. M. Luthers kleiner Katechismus, Hamburg, 1983 (siehe ‚Die Taufe').

(39) siehe (7), (S. 315-316).

(40) siehe (12), (S. 129).

(41) siehe (11), (S. 258).

(42) siehe (11), (S. 259).

(43) G. Schaffran, Katholische Glaubenslehre, Leipzig, 1957 (S. 72).

(44) F. Uphoff, Warum soll ich mich taufen lassen, Griesheim (S. 5).

(45) F. J. Dake, Dake's Annotated Reference Bible, Lawrenceville, Georgia, 1980, siehe John 13,14.

(46) M. R. Vincent, Word Studies in the New Testament, Mc. Lean, Virginia, (siehe John 13,15).

(47) siehe (26), (G. Fischer, S. 127).

Über den Autor

Der Autor Udo Herbold ist als Theologe und Schriftsteller tätig. Er ist ordinierter Pastor des Bundes Freikirchlicher Pfingstgemeinden KdöR.

Er schloss 1982 ein Studium für Informatik in Karlsruhe als Diplom-Informatiker (FH) ab (heute: University of Applied Science).

Anschließend studierte er Theologie (Altes und Neues Testament) und Missiologie in England.

Er leitete pastoral mehrere deutsche evangelische Freikirchen, eine afrikanische Kirche, gründete Kirchen im Ausland, sonderlich in Georgien, engagierte sich innerhalb der Evangelischen Allianz, leitete einen Verein für christliche Radiosendungen und ist ehrenamtlicher Geschäftsführer eines gemeinnützigen Kinderhilfswerks.

Im säkularen Bereich ist er als IT- und Datenschutz-Manager eines weltweiten Konzerns innerhalb der Wasserwirtschaft tätig.